Damals in Braunland

Hans-Dieter Schmidt

Damals in Braunland

Autobiographische Episoden

Lukas Verlag

Aufgeschrieben für meine Enkelinnen und Enkel
Theresa und Karoline, Viktor und Jakob;
abgeschlossen im Dezember 2003.

Inhalt

Vorspruch

Ich schließe die Augen und schaue zurück. Ein Bild erscheint, ruft Wörter auf, die ich leise vor mich hinsage. Bernstein zum Beispiel, mit dem Akzent auf der zweiten Silbe, damit nicht das fossile Harz, sondern die geschäftige neumärkische Landstadt bezeichnet wird. Oder Stepenitz, um das schmale Prignitzflüßchen plätschern zu lassen, das sich durch saftige Wiesen schlängelt. Oder Beerenberg, Musikhaus Melodia, Bademeister Hildebrand, Studienrat Puchelt ...

Leblose Bilder zunächst, Standfotos. Dann bewegen sich Menschen, Tiere, Fahrzeuge. Stimmen sind zu hören. Ein Tonfilm beginnt. Er läßt Sätze entstehen und Geschichten. Erlebnisfetzen werden wachgerufen, ich halte sie fest, benenne sie, fülle sie auf und gestalte sie zu einem sinnhaften Ganzen.

Kindheit und Jugend. Lange vergangen, aber jetzt, im Erinnern und Aufschreiben, ganz gegenwärtig und nahe. Als Schönes und Schlimmes, Trauer und Jubel, Begreifen und ratloses Suchen – mit beinahe tödlichem Ausgang. Damals, als Deutschland sich Drittes Reich nannte und düsteres Braunland war.

Frühe Ängste

1

Nach dem Abendbrot war ich aufs Plumpsklo im Stall gegangen, die Treppe hinunter, über den dunklen Hof, diesmal ohne Rose mit ihrer Taschenlampe. Warum nahm ich dann den längeren Rückweg durch den finsteren, unheimlichen Torweg?

Die Hoftür fiel hinter mir ins Schloß. Mir war, als sei ich in ein tiefschwarzes Loch gestürzt. Ich tastete mich an der Wand entlang, suchte die Treppe. Die Kopfsteine unter meinen Sohlen waren glitschig, rutschig. Ich drehte mich um, tappte den Weg zurück, spürte Holz unter den Fingerkuppen, dann wieder die feuchte Backsteinwand. Ich ließ sie los. Kalte Leere, in der ich umherirrte. Ein Lufthauch zog an den Beinen entlang, Frösteln kroch über die Haut. Wo war die Treppe?

Angst, lähmende Angst. »Mutti, Mutti, Maaaama!« Niemand antwortete. Es würgte mich im Hals. Ich schluckte, schrie um Hilfe. Die Wände warfen das Echo zurück, das mich anfiel und zittern ließ. Wo war die Treppe?

Plötzlich ein Lichtschein, grell, blendend. Da, vor mir, die Pforte zur Straße! Ein Streichholz flammte auf, ein großer Hut kam auf mich zu, eine Hand berührte mich. Jetzt sah ich neben mir die Treppe. Mein Schatten fiel auf die grauen Stufen. »Was ist denn, Junge?«

Ich riß mich am Eisengeländer empor, hastete hinauf, drehte mich nicht mehr um. Ich war gerettet.

2

Wir waren geweckt worden, mitten in der Nacht. Donnergrollen und Himmelsfeuer tobten über der Stadt. Mutti zog mich aus dem Bett, nahm mich auf den Arm, hastete ins Wohnzimmer.

Bleiernes Schweigen. Wir blickten durchs geschlossene Fenster auf die Straße. Der Regen schlug gegen die Scheiben. Papa hustete. Er streichelte Roses Hand, die auf seinem Arm lag. »Die Seen halten das Gewitter fest«, sagte er, »das kann noch lange, sehr lange dauern.«

Sturmböen peitschten die Kronen der Rotdornbäume. Zuckende, blendende Blitze zerrissen die Wolken, krachende Schläge bohrten sich schmerzhaft ins Ohr. Prickelndes Bangen. Angespannt lauschten wir, warteten auf den nächsten Schlag.

Ich gähnte. Muttis Schoß wärmte mich wie ein Ofen. Ihr Atem streichelte meinen feuchten Nacken. Bei ihr, das wußte ich, konnte mir nichts geschehen. Hier nicht – und überhaupt nicht.

3

Der kleine See lag mitten in der Stadt. Er war verschilft, nur an einer Stelle, vor der Fischerhütte, zugänglich. Weißer, herrlich sauberer Sand. Rose, unsere Aufpasserin, saß in der Sonne und las. Peter und ich, wir schütteten einen ringförmigen Wall auf und bauten aus Steinen und Holzstücken eine Burg hinein. Dann wateten wir mit aufgekrempelten Hosenbeinen im flachen, lauwarmen Wasser und ließen unsere Borkenkähne schwimmen. Rose rief uns energisch zurück, wenn wir dort, wo es tiefer wurde, nach den Schilfkolben griffen.

Als die Sonne hinter den Dächern verschwunden war, schlenderten wir nach Hause. Am Alten Markt, ehe wir bei Sternbergs um die Ecke bogen, kam uns eine Horde Jungens entgegen. Plötzlich blieben sie stehen, stemmten die Arme in die Hüften, schubsten uns vom Bürgersteig und brüllten »Judensau, Judensau, Judensau ...!«.

Peter zuckte unter ihrem Johlen und Fäusterecken zusammen. Er begann zu weinen und klammerte sich an Roses Arm. Wir suchten Rückendeckung an den Hauswänden, stießen die Jungens zurück und rannten schließlich los. Ich spürte mein Herz rasen und hämmern. Atemlos kamen wir zu Hause an.

Als Rose erzählt hatte, was geschehen war, sagte Papa: »Die Bengels sind dumm. Dumm und schlecht. Mit solchen gibt man sich nicht ab.« Dann blickte er mich an. »Spiel du ruhig weiter mit Fiete Bleek und Peter Kutzner.«

Ich wußte: Kutzners, Sternbergs, Heimanns waren Juden. Manche von ihnen gingen sonnabends in die Synagoge. Man konnte schöne Sachen bei ihnen kaufen, Bonbons, Uhren, Kleider und so was.

4

Seit Tagen zog mich der Marktplatz an. Denn auf der grünen Bank neben der Pumpe saß, wenn die Sonne schien, der grauhaarige Zigeuner, trank aus der Bierflasche oder spielte Geige. So wie Papa. Aber nicht Lieder wie ›Du, du, liegst mir im Herzen‹ oder ›Wien, Wien, nur du allein‹, sondern ganz andere, die ich nicht kannte. Zuerst traurige, dann plötzlich lustige, ausgelassene, manchmal auch schmissige. Und alle mit eigenartig gezogenen, schluchzenden oder kichernden Tönen. Während der Alte den Bogen bewegte, summte er laut vor sich hin und schaute abwechselnd nach rechts und links. Er wartete auf Zuhörer, die Geld in den Geigenkasten warfen. Einmal durfte ich ihn mit zwei Groschen belohnen. Er lachte mir zu und bedankte sich mit einer steifen Verbeugung.

Kaufmann Müller, unser Hauswirt, hatte einen Besen neben die Ladentür gestellt. »Das soll abschrecken«, erklärte mir Mutti, »da gehen die Zigeuner nicht dran vorbei, aus Angst vor bösen Geistern, Hexen oder Zauberern.« Und sie fügte hinzu: »Die Zigeuner schicken ihre Kinder zum Betteln. Außerdem lassen sie schnell was mitgehen, ein Huhn vom Hof oder Wäsche, die auf der Leine hängt. Verstanden?« Ich nickte. Es war klar: Zigeuner sind Klauer. Alle, fragte ich mich, der nette Geiger auch? Waren die Räuber, die neulich bei Uhrmacher Wartenberg eingebrochen hatten, nachts, als alle schliefen, vielleicht auch Zigeuner?

5

An einem Sommerabend zogen die Reichsbanner-Leute durch die Stadt, mit ihrer Schalmeienkapelle. Komisch quäkige Töne, so ähnlich wie beim Kammblasen oder wenn ich mir beim Summen die Nase zuhielt. Manchmal marschierte auch die SA, jeder im Braunhemd, mit Koppel, Schulterriemen, Stiefeln oder Ledergamaschen. Die Männer sangen zackige Lieder, sehr laut, im Gleichschritt. Wie Soldaten. In einem Lied kam was Schauriges vor: »Wenn das

Judenblut vom Messer spritzt, dann geht's noch mal so gut.« Die waren also gegen die Juden. So wie damals die Bengels. Aber das mit dem Messer sangen sie ja nur.

Papa war nicht beim Reichsbanner und nicht in der SA. Kaufmann Müller auch nicht. Rektor Schütt, Papas Chef in der Schule, der drüben auf der anderen Straßenseite in dem schicken Haus mit den Messingklinken wohnte, auch nicht. »Wir halten uns da raus«, sagte Mutti. Papa saß schweigend an seinem Schreibtisch hinter einem Stapel von Schülerheften und strich mit roter Tinte die Fehler an.

6

Zwei hektische Tage. Abladen, Auspacken, Einräumen. Ich wollte helfen, stand im Wege und wurde angeblarrt, war bockig, stahl mich davon. Ich erforschte die Umgebung. Viel Neues, teils spannend, teils häßlich.

Wir waren umgezogen, aus der Neumark in ein Prignitzdorf. Alles war jetzt anders als zuvor. Keine Geschäfte, kein Kino, keine Seen. Dafür schwere Ackerwagen, die übers Kopfsteinpflaster rumpelten, bellende Hunde in der Nacht, die ermüdende Mittagsstille am Sonntag. Auf dem trüben Dorfteich tummelten sich die Enten und schnappten nach den Wasserläufern. Nur dies gefiel mir gleich: Wir bewohnten im ehemaligen Schulhaus fünf Zimmer, und eins davon gehörte mir ganz allein! Dann der große Garten, die Wiese, der Hof mit den Stallungen. Mutti sagte: »Aber gewiß werden wir uns Tiere anschaffen! Hühner, Gänse, Kaninchen. Sicher wieder einen Dackel. Und eine Katze, wegen der Mäuse.«

Zwei Nächte mit erlösender Ruhe in traumlosem Schlaf. Anders die dritte. Blitze, Donnern, rauschender Regen. Plötzlich das Heulen der Sirene. Feuer im Dorf? Ein rötliches Flackern huschte über die Wand, machte mir Angst und trieb mich aus dem Bett.

Drüben, jenseits der Wiese, weit hinter den Gebäuden des Nachbargehöfts, quoll eine weißgraue Wolke hervor, mit gelbrotem Saum, gesprenkelt mit Funken, die einem Schwarm von Sternschnuppen oder Glühwürmchen ähnelten. Ich riß das Fenster auf und hörte Stimmen, Schreie, hupende Autos. Ein feines Knistern durchzog die Luft, als ob jemand Seidenpapier zerknüllte. Gespenstisch schön: Die schwarzen Dächer mit den scharfen Umrißlinien der Giebel und Firste, darüber das schwankende Rauchungeheuer, in dem ich Bäume, Fratzen, Pferdeköpfe und Hände entstehen und vergehen ließ.

Mutti stand in der Tür. »Geh wieder ins Bett. Papa ist zurückgekommen. Die Feuerwehr ist noch da, hat nichts ausrichten können. Es war eine Scheune. Seiferts heißen die Leute, Bauern, wohnen ziemlich am Ende des Dorfes, Richtung Bahnhof, auf der linken Seite. Und nun schlaf gut!«

Aber ich konnte nicht schlafen, warf mich hin und her, horchte auf den Lärm der Straße, wünschte mir, daß die Brandwolke endlich verschwindet und der Sternenhimmel zum Vorschein kommt. Ob wohl Tiere verbrannt waren? Hühner vielleicht – oder sogar Kühe und Pferde?

Am nächsten Morgen stand ich mit Papa vor der Scheunenruine. Eine Giebelwand ragte noch empor. Alles andere war zusammengefallen, verbrannt, verkohlt. Berge aus schwarzen Steinen und Asche. Balkenreste, zersplittert, verkeilt, spreizten sich vor dem hellen Himmel. Ein schrecklicher, trostloser Trümmerhaufen, in dem Männer herumstocherten, als ob sie etwas suchten. Schweigend gingen wir nach Hause.

In der Schummerstunde harkten Mutti und Papa das Laub auf dem Hof zusammen. »Stell dir vor, Mieze«, sagte Papa, »im Dorf munkeln sie, der Seifert hätte seine Scheune selbst in Brand gesteckt, während des Gewitters!« Mutti richtete sich auf, verzog den Mund und lachte kurz auf. »Also von wegen Blitzschlag. Einfach Versicherungsbetrug!« Ich erschrak. So was gab es, daß einer bei sich selber Feuer legt? Und Versicherungsbetrug – was war das denn? Betrug, das Wort kannte ich und wußte auch, daß Opa Paul früher, als er noch arbeitete, in der Viehversicherung was zu sagen und zu diktieren hatte. Das half mir aber auch nicht weiter.

Sie fragen? Lieber nicht. Mir kam es so vor, als sei hier was passiert, worüber man besser nicht redet. Denn sie hatten ziemlich leise miteinander gesprochen. Was hatte Mutti neulich gesagt? »Reden ist Silber, Schweigen ist Gold.« So schloß ich vorsichtig das Fenster und zog die Gardine vor.

7

Am Graben, der Sellbaums und Hajeks Wiesen trennte, hatten wir gespielt, im Halbschatten unter den Kropfweiden mit ihren morschen, löchrigen Stämmen, inmitten der Gänseblümchen und Anemonen. Wir fingen uns Kaulquappen, ließen sie in der hohlen Hand schwimmen, bis das Wasser zwischen den Fingern verrann und das Schlängeln der schwarzen Tierchen müder wurde. Dann warfen wir sie zurück in den Graben und fingen uns neue.

War das alles, was am diesem Sommernachmittag geschah? Nein. Wir kamen darauf, im Verborgenen, nur für uns, ein Geheimnis zu lüften. Danach gingen wir auf dem Feldweg zurück ins Dorf. Als wir an der Hecke unseres Vorgartens vorbeikamen, sagte ich zu Wanda: »Nichts erzählen zuhause, verstanden!« Sie nickte und ging mit gesenktem Kopf weiter.

Über der Gartentür tauchte plötzlich Roses Kopf auf. »Was soll Wanda nicht erzählen?« »Ach, nichts«, sagte ich und blickte zur Seite. Sie baute sich vor mir auf. »Ihr habt was gemacht, ehrlich, sag's mir!« »Nichts war, überhaupt nichts.« Dann gnatzte ich sie an: »Außerdem, was geht's dich eigentlich an, he?« »Das wirst du sehen!«, schrie sie und verschwand hinter der Hausecke.

Wenig später stand ich auf dem Hof, vor der Pumpe. Die Sonne wärmte mir den Rücken unter dem Polohemd. Mutti vor mir, riesengroß, übermächtig. Ihre Hände umklammerten meine Schultern, ihre Augen ließen mich nicht los. »Warum sollte Wanda zuhause nichts erzählen? Was habt ihr angestellt? Raus mit der Sprache, dalli! Wenn nicht, geh ich zu Wandas Mutter, verlaß dich drauf!«

Ich spürte, wie mir die Röte ins Gesicht schoß. Mir fiel keine Ausrede ein. Und war das denn so schlimm? Ich stotterte: »Wir, wir haben, wir haben uns unsere Puller gezeigt, Wanda und ich. Ihrer, vorne unterm Kleid, ist ganz anders als meiner. Bloß 'ne Spalte.«

Mutti erstarrte und schlug die Hände vors Gesicht. »Mein Gott, mit fünf Jahren, so eine Schweinerei.« Sie wandte sich um. »Verstehst du das, Paul, wo hat er das nur her?« Papa stand in der Tür, schüttelte den Kopf und verschwand. Sie lief in die Küche. Ich hätte wegrennen können, aber meine Beine gehorchten mir nicht. Sie war wieder da. Ohne Widerstand ließ ich mich über ihren Oberschenkel legen. Bei jedem Schlag mit dem Ausklopferstiel sah ich, wie ihr linker Fuß aus der Holzpantine rutschte und wieder in sie zurückglitt. »Das sollst du mir büßen!«

Schmerz. Schmerz. Ein Stich nach dem andern, durch alles hindurch. Ich hätte schreien mögen: was soll das, warum das? Aber ich fraß es in mich hinein, stöhnte nur, leckte mir die Tränen aus den Mundwinkeln. Jetzt wußte ich: Rose war eine verdammte Petze, der ich's irgendwann heimzahlen würde. Und Mutti, die immer noch schlug und über mir keuchte, was war die? Ich fand keine Antwort.

Endlich richtete sie sich auf, ließ den Klopfer fallen, packte meine Handgelenke. »Das war das letzte Mal«, schrie sie, »das endgültig letzte Mal, daß du mit der Wanda gespielt hast. Damit ist Schluß. Verstanden?« Ich nickte. »Wirklich?« Ich nickte noch einmal, drehte mich langsam um und trottete in den Garten. Meine Hinterbacken brannten wie Feuer.

Die Welt wird größer

8

»Jetzt geht's anders lang!«, hatte Papa gesagt. Das stimmte wohl. Alles sah danach aus. Links vier große trübe Fenster. Keine Blumen davor. Eintönige Bankreihen, dazwischen ein Gang. Tintenflecke auf dem alten Holz. Vorne die Tafel, daneben, in der Ecke, der Lehrertisch. Die Wand war unten grünbraun gestrichen, darüber gelb, mit einem schmuddeligen Schleier, wohl vom Staub. Den alten Mann auf dem Bild, das über der Tafel hing, kannte ich schon von zu Hause: Hindenburg, der Reichspräsident. Es roch nach Schweiß und Fußbodenöl.

Unsere Mütter saßen auf extra Stühlen. Ein großer grauhaariger Mann stellte sich vor: »Ich heiße Vieweg und bin euer Klassenlehrer.« Er trug Knickerbocker und ein Hemd mit Schillerkragen. Als er mich kurz mit seinem Blick streifte, sah ich, daß er schielte. Ach du liebe Zeit, dachte ich, da weißt du nie, wen er gerade im Auge hat. Er stützte sich auf die vorderste Bank und hielt eine Rede. Lesen und Schreiben seien sehr wichtig. Fürs Leben. »Das neue Reich wartet auf eure Leistung!«, rief er uns laut, mit hoher Stimme, zu. Wir würden auch malen und singen. »Und im Sommer auf dem Sportplatz, im Winter in der Turnhalle wird gerannt, gesprungen und geturnt«, verkündete er uns. »Leibesübungen« nannte er das. Ein komisches Wort, fand ich. Dann kam er auf Adolf Hitler zu sprechen, der uns jetzt regierte. Das wußte ich alles schon von Papa. Und aus dem Radio. »Ihr seid im großen deutschen Jahr dreiunddreißig zur Schule gekommen, darauf könnt ihr stolz sein!« Das sagte er wieder ganz laut und hob die Arme wie ein Pastor.

Dann fragte er manche von uns aus: wo sie wohnen, was sie gerne spielen, ob sie Geschwister haben. Von mir wollte er wissen, ob ich schon meinen Namen schreiben kann, und außerdem, was mein Vater ist. »Mein Vater? Der ist Stahlhelmer«, erwiderte ich. Da lachten die Mütter laut los, und auch Lehrer Vieweg verzog seinen Mund. Ich begriff nicht, warum. Papa war doch im Stahlhelmbund. Er hatte zwar keine Uniform, trug aber manchmal das silbrige Abzeichen, sonntags, wenn er sich fein anzog, oder wenn er in die Stadt fuhr, um sich die Haare schneiden zu lassen. »Junge, das ist zwar richtig, aber ich meine etwas anderes: womit er sich beschäftigt, seine Arbeit.« »Er gräbt den Garten um«, sagte ich, »füttert die Hühner und hackt Holz. Alles so was. Kaninchenfutter sammeln ...« Vieweg gab keine Ruhe. »Ist er nicht Lehrer?« Wer hatte ihm denn das erzählt? »Nein, das war er früher. Jetzt nicht mehr.«

Ich war froh, als er mit dem Fragen aufhörte, uns aufstehen ließ und sich verabschiedete. Den Müttern gab er die Hand. Uns nicht.

Die aus der Stadt hatten es nicht weit nach Hause. Aber Mutti und ich, wir mußten noch ins Dorf zurück, zu Fuß. Das war ganz schön weit, drei Kilometer. Jeden Tag stand mir das nun bevor, auch später, im heißen Sommer, und im Winter, bei Glatteis und hohem Schnee. Ach du liebe Zeit! »Bei Kaufmann Ladegast«, sagte Mutti, »wo die Bauern ausspannen, kannst du ja hin und wieder nachschauen, ob dich ein Bekannter mitnimmt. Außerdem wird es später, wenn du Rad fahren kannst, leichter.«

Wann würde das sein? Es war nicht abzusehen. Mutti blieb stehen und blickte mich an. »Übrigens: Papa ist Lehrer im Ruhestand. Merk dir das, damit du nicht noch mal so kindisch antwortest wie heute. Und schlurf nicht so mit den Schuhen, das kann ich nicht leiden.«

Als wir zu Hause ankamen, stand Papa an der Hecke, in der Hand seine Box. »Stell dich vor die Friedenseiche! Gut, bleib so stehen. Und mach nicht so ein verkniffenes Gesicht.« Ich versuchte zu lächeln. Er tastete nach dem Auslöser. Endlich das Klickgeräusch. Ich atmete auf.

9

Sehnlichst erwartet: Sommerferien! – Eine schöne lange Fahrt mit der Bahn über Wittenberge, Pasewalk und Küstrin zurück in die Neumark nach Gerzlow. »Das ist mein Geburtsort«, sagte Papa.

Großvaters langer, schwerer Schneidertisch, auf dem er früher gehockt und die Hosen der Gutsarbeiter und polnischen Schnitter geflickt hatte, stand leergeräumt und blankgewischt in der Fensterecke. Daneben, vor dem anderen Fenster, der wurmstichige

Korblehnstuhl. Dort saß er, schaute auf die Straße hinaus und grübelte. Er lächelte selten. Vielleicht wegen der Schmerzen? Wenn der Pastor kam und mit ihm betete, hing sein Blick an den Lippen des schwarzgekleideten Kirchenmannes. Danach las er halblaut in der Bibel oder blätterte in dem Kalender mit den frommen Sprüchen und Geschichten.

Wenn er sich auf der Bank vor dem Häuschen sonnte und der Gerzlower Gutsherr, Graf Wedell, in der Kutsche vorbeifuhr, stand er mühsam auf, nahm den Strohhut vom Kopf und grüßte dienernd. Da wurde Papa wütend und fuhr ihn an: »Kannst du das nicht endlich mal lassen? Wir sind keine Untertanen mehr, merk dir das!« Warum war er so grob zu ihm? Und das nicht nur heute. Neulich das Gezeter über das trockene, verstaubte Talerkraut in den beiden blauen Vasen: »Das ist mindestens zehn Jahre alt und gehört auf den Komposthaufen!« Und immer wieder, fast jeden Tag, schimpfte Papa auf die Ziege, die vor dem Holzstall meckernd nach Futter verlangte. »Daß du das aushältst, Vater, unglaublich. Außerdem stinkt sie abscheulich!« Konnte es nicht sein, daß der Kranke sie sehr gern hatte, an ihr hing wie wir an unserem Dackel?

Vor dem Schlafengehen saß Großvater auf dem rohen Schemel in der Küche. Seine altersbrandigen Füße tasteten sich vorsichtig in die Schüssel mit der trüben Heilbrühe hinein. Er zuckte zusammen, sein Gesicht verzog sich, als Großmutter mit dem Lappen die blauroten Löcher auswischte, die aus der weißen Haut neben den Knöcheln aufgebrochen waren. »Nimm dich zusammen, Ernst«, zischte sie. »Nicht bös sein, Bertha. Bist doch nicht gemeint. Fürs Wehtun kannst du ja nichts. Schmierst mir nachher noch ’ne Kräudenstull?«[1]

Als Schuster Bredlow mir die teuren Ledersohlen für die alten, mittlerweile abgewetzten und engen Schuhe aufgeschwatzt hatte, bezahlte Großvater sie wortlos, ohne Streit. Großmutter blarrte mich hinterher an: »Hast dich von dem Halsabschneider breitschlagen lassen!« Bedeppert stand ich neben dem Lehnstuhl und senkte die Augen. Plötzlich legte mir Großvater seine Hand auf den Kopf, streichelte meine Haare und zeichnete mit dem Finger den Scheitel nach – einmal, zweimal, immer wieder. Großmutter

1 »Kräude« bedeutete so viel wie »Mus«.

knurrte und stapfte in die Küche. Er blickte zu mir herüber und lächelte. Ich wußte: Was auch kommen mochte, er würde mir beistehen. Immer.

10

Längst war die Bescherung vorüber. Die Bücher hatte ich durchgeblättert und die Spielzeugkanone ausprobiert. Mein bunter Teller war fast leer, Heidesand und Dominosteine lagen mir schwer im Magen. Die Kerzen flackerten unruhig.

Mutti las die Weihnachtsgeschichte vor: »Es begab sich aber zu der Zeit ...« Mir wurde heiß, als hätte ich Fieber. Gern wäre ich auf den Hof gegangen, hinaus in die kalte Abendluft. Aber etwas hielt mich fest, das kommen würde, kommen mußte, wie immer am Heiligabend. Und da geschah es auch schon:

Papa holte den Geigenkasten vom Bücherschrank, klappte den Deckel auf. »Laßt uns singen«, sagte er feierlich. Während Mutti das Liederbuch durchging, straffte er den Bogen, horchte an der schwingenden Stimmgabel, drehte an den Wirbeln und zupfte die Saiten. Atemlos verfolgte ich seine Vorbereitungen, begann zu zittern.

»Es ist ein Ros' entsprungen ...« Muttis Gesang, Roses Gesang. Geigentöne darüber oder darunter, als wortlose zweite Stimme. Meine Beklemmung schwand, das Zittern ebbte ab, aber mein Hals blieb zugeschnürt. Mitsingen konnte ich nicht. Alle blickten mich fragend an, nickten aufmunternd. Es ging nicht. Eine süße Traurigkeit breitete sich in mir aus. Ich schluckte, meine Augen wurden feucht, ich mußte ausschnauben. In den Ohren und auf der Haut spürte ich, wie mich die Geige streichelte, mich trösten und einschläfern wollte. Im Zimmer wuchsen die Schatten.

Ich kroch unter den Tisch. Dort weinte ich lautlos hinter den schützenden Fransen der Decke, eingeschmiegt in den Dämmerschein der rettenden Höhle. So mochte es bleiben, immerzu: stumm sein, schwach sein, hilflos sein, und doch so herrlich verzaubert ...

Sie ließen mich gewähren. Schließlich hob Mutti die Tischdecke an und lächelte mir zu: »Jetzt gibt's Abendbrot. Hilfst du mir beim Auftragen?«

11

Ausgerechnet auf dem Hinweg passierte es, kurz vor den Plantagen. Ich knickte mit dem linken Schuh um, der Fuß rutschte heraus und stand auf der kalten Erde. Ach du Schreck, der Schnürsenkel war gerissen! Ich zog die beiden Strippen heraus, knotete sie zusammen und fädelte sie wieder ein. Das brachte nichts, denn der Senkel war zu kurz, es ließ sich keine Schleife binden. Was tun? Auf Strümpfen marschieren? Unmöglich. Ich setzte mich auf den Grabenrand, begann zu schwitzen. Denn ich würde zu spät zur Schule kommen. Noch nie war mir das passiert! Wieder nahm ich den Schuh in die Hand und stocherte mit den Senkelspitzen in der Lochleiste herum. Plötzlich wußte ich, wie es geht: Du mußt einfach nur zwei Löcher benutzen! Ich band hastig die Schleife, streifte mir die Mappe über und ging weiter, so schnell ich konnte.

Es half nichts, die Stunde hatte längst begonnen. Ich klopfte an und öffnete die Tür. Lehrer Vieweg musterte mich kritisch. Ich streckte den linken Fuß vor und sagte leise: »Entschuldigen sie bitte, daß ich zu spät komme, aber mein Schnürsenkel ist kaputt gegangen.« Die Kumpels begannen zu lachen. »Ruhe jetzt!«, schrie Vieweg. Zu mir sagte er nur: »Stehst ja da wie ein begossener Pudel. Schon gut, erledigt, setz dich.«

Auf dem Rückweg überlegte ich, ob die Schuhe nicht irgendwas gegen mich haben könnten und mir darum einen Streich gespielt hatten. (So was gab's doch, zum Beispiel, wenn verschüttetes Salz Ärger bringen sollte.) Hatte ich ihnen Unrecht getan, sie vielleicht nicht ordentlich geputzt? Plötzlich fiel mir ein, daß ich den rechten Schuh immer zuerst anzog und auch sofort zuschnürte. Der linke wurde also stets zurückgesetzt! Das sollte sich ändern, nahm ich mir vor. Zu Hause, mit den neuen Schnürsenkeln, probierte ich ein gerechtes Verfahren: zuerst den rechten Schuh anziehen, dann den linken, nun aber den linken zuerst zubinden und danach erst den rechten! Oder umgekehrt, das war natürlich egal. Jetzt war niemand benachteiligt. Keiner mußte auf die Idee kommen, sich an mir zu rächen. Bei dieser Methode blieb ich. Jahrelang.

12

Ich verbarg mich hinter der halboffenen Küchentür und lauschte, neugierig und gespannt. Papa stand im Flur, auf der untersten Stufe der Bodentreppe, und blickte nach oben, wo sich Rose in der Dachstube mit ihrer Geige abquälte. Sie übte Tonleitern. Rauf, runter, rauf, runter – langweilig und ermüdend. Außerdem schrapig und fiepsig. Immer wieder hörte ich die falschen Töne. Papa schüttelte den Kopf. »Fis, fis, fis!«, schrie er, »wirst du das nie begreifen?« Oben knarrte die Tür. Roses Stimme klang gereizt: »Was denn nu schon wieder?« Papa stampfte mit dem Fuß auf. »Was soll wohl sein? Pack die Geige ein. Und bring gleich den Notenständer mit, den brauchst du nicht mehr. Schluß mit dem Unterricht! Ich hab's satt, mich mit dir abzuquälen.«

Sie tat mir leid. Und trotzdem, dachte ich, ist er im Recht; sie hat kein Ohr für die feinen Unterschiede. Papa drehte sich um und sah mich im Türrahmen stehen. »Hast du mitgekriegt, was hier los war?« Ich nickte. Er trat auf mich zu und legte mir die Hand auf die Schulter. »Und wie wär's, wenn wir beide es probieren mit der Geige?« Ich senkte den Kopf und überlegte. Ob ich das schaffen würde? Ich konnte doch keine Noten lesen. Und den linken Arm so lange geradehalten – war das nicht ungeheuer anstrengend? Aber vielleicht würde ich's trotzdem irgendwie bringen, weiß der Teufel. Und nebenbei noch Rose ausstechen, das war ja auch ganz spannend. »Gut«, sagte ich. »Na bitte, ist doch ein Wort! Wir fangen an, sobald ich die Kindergeige besorgt habe.« Papa nahm meine Hand und drückte sie kräftig. Ich begriff: das war ein gegenseitiges Versprechen.

Die Tage, Wochen, Monate vergingen. Ich lernte, wie die Teile der Geige und des Bogens genannt werden. Ich bemühte mich, die Quinte im Ohr zu behalten, um endlich das Stimmen der Saiten allein hinzukriegen. Ich verstand, was die Stimmgabel mit dem Kammerton zu tun hatte und warum die Bogenhaare mit Kolophonium eingerieben werden mußten. Bald konnte ich die leeren Saiten jede für sich in flottem Auf- und Abstrich sauber klingen lassen, fand mich zurecht im Gewirr der Noten, begann schließlich die einfachen Tonleitern zu spielen und bewältigte eines Tages die läppischen Lieder vom kleinen Hänschen und vom gänsestehlenden Fuchs so gut wie fehlerfrei.

Papa war zufrieden. »Na siehst du, es geht doch prima. Und vorwärts!« Mir begann es Spaß zu machen. Irgendwann, als ich Radio hörte, ging mir auf, was ein Violinkonzert ist: ein vieltöniger Chor zahlloser Instrumente, aus dem sich plötzlich, nach dem Leiserwerden des Orchesters, die zarte oder auch energische Stimme der Geige emporschwingt. Ein Komponist namens Bach hatte es geschrieben. Der Name des Solisten wurde extra genannt, er hieß Georg Kulenkampff. Mein Gott, dachte ich, wie hat der das bloß hingekriegt – so klar, so sauber, so schön ...

13

Ich stand mit dem Rücken zum Fenster, starr, fassungslos. Was sollte ich tun, bleiben oder mich davonstehlen? Ich blieb, denn was ich sah und hörte, ließ mich nicht los.

Papa lag auf dem Teppich, schlug wild um sich, gegen das Stuhlbein und gegen den eigenen Kopf. Mutti und Rose richteten ihn auf, zerrten ihn hinter sich her, betteten ihn mühsam auf die Chaiselongue. Zitterwellen liefen über seinen Körper. Füße, Hände, Finger krampften sich zusammen, die bleiche, schweißnasse Stirn warf abwechselnd Falten auf und glättete sie wieder. Die aufgeblähten Wangen trieben weißrote Blasen zwischen den Lippen hervor.

Mutti herrschte mich an: »Steh nicht rum, hol wenigstens den Aufwischeimer. Siehst du nicht, daß er sich die Zunge zerbissen hat? Vielleicht muß er sich übergeben.« Ich rannte los, kam mit dem Eimer zurück. »Herrgott«, schrie sie, »da muß doch Wasser rein, weißt du das nicht?« Wieder hastete ich hinaus, füllte die große Schöpfkelle, lief ins Zimmer und goß das Wasser in den Eimer.

Papa stöhnte, kam immer noch nicht zur Ruhe. Blutiger Schaum rann ihm über den Kragen. Er starrte an die Decke. Mutti tupfte ihm das Gesicht ab. Rose saß auf seinen Beinen, umklammerte die Handgelenke. Endlich ebbte das Zittern ab. Kraftlos ließ er den Kopf zur Seite sinken, schloß langsam die Augen. Schlief er jetzt ein? Oder (schoß es mir durch den Kopf) fing damit das Sterben an?

»Kommt, Kinder«, sagte Mutti und stand auf. Wir gingen in die Küche, setzten uns an den Tisch. Ich war wie betäubt, fühlte mich hundeelend und schlapp. Mutti blickte mich an. »Nun hast du's wohl zum ersten Mal gesehen. Irgendwann mußte es ja sein. Das war der fünfte oder sechste große Anfall. Trotz der Tropfen und Tabletten. Es ist ein Jammer, daß nichts richtig hilft gegen die Epilepsie. So sagen die Ärzte dazu. Jetzt weißt du auch, warum er nicht mehr Lehrer sein darf.«

Plötzlich Schritte auf dem Flur. Die Klinke bewegte sich, Papa stand in der Tür. »Was war denn los, Mieze, ich auf der Chaiselongue, zu dieser Tageszeit, daneben der Eimer …?« Sie stand auf. »Na, was wohl? Ein Anfall, was sonst? Zieh das Hemd aus, es muß in die Wäsche. Und gib die Jacke her. An die Flecke muß ich mich gleich ranmachen, ehe sie eintrocknen.«

Ich atmete auf. Wenn Mutti gleich ans Waschen dachte, konnte alles nicht so schlimm sein. Mir war wieder besser zumute. Ich spürte Hunger, freute mich aufs Abendbrot. Was für eine komische Krankheit, überlegte ich: zuerst der fürchterliche Anfall, der fast den Körper zerriß, und jetzt, nach dem Aufwachen, war alles wie zuvor. Denn Papa hatte sich umgezogen und stand schon wieder auf dem Hof vor dem Hauklotz, hob die Axt und traf den Kloben haargenau in der Mitte.

14

Lehrer Vieweg drückte mir ein Päckchen bedruckter Faltblätter in die Hand: »Verteilen, aber dalli!« Ich hetzte durch die Bankreihen, warf jedem ein Blatt hin und setzte mich auf meinen Platz. »Packt die Lesebücher ein«, sagte Vieweg, »heute beschäftigen wir uns mit was anderem.« Er hob die Stimme an: »Adolf Hitler! Sein Heldentum im Weltkrieg!« Ich nahm das Blatt auf. »Nein, noch nicht lesen«, rief er, »ich muß noch einiges vorausschicken.«

Er begann zu erzählen, leise und eindringlich. Braunau, Vater Zollbeamter, schwere Jugend, kein Kunstmaler werden können, Gelegenheitsarbeiter. »So war das damals in Wien«, sagte er laut und fügte hinzu: »Aber er begriff auch, wer schuld war am Schicksal der armen Leute: der Kaiser, der verrottete Adel, die Juden!« Vor meinen Augen formte sich das Bild eines gequälten Menschen, der sich trotzdem nicht unterkriegen ließ. »Und immer hat sich Hitler als Deutscher gefühlt«, fuhr Vieweg fort, »deshalb meldete er sich neunzehnhundertvierzehn, als der Krieg ausbrach, freiwillig zum Wehrdienst in einem bayerischen Regiment!« Er blickte kurz aus dem Fenster und wandte sich wieder der Klasse zu. »Soweit, was vorweg zu sagen war. Und nun lest!«

Es war eine spannende Geschichte. Wie der Meldegänger Hitler plötzlich auf einen Trupp Franzosen stieß, wie er sie ganz allein in Schach hielt, wie er sie mit vorgehaltenem Karabiner als Gefangene hinter die Frontlinie brachte – toll! Und dafür das Eiserne Kreuz Erster Klasse! Papa hatte damals bloß das EK II bekommen, fiel mir ein. Aber so was Schneidiges hatte er auch nicht aufzuweisen.

Ich war als Erster fertig mit dem Lesen und blickte auf. Vieweg saß am Lehrertisch und schrieb, die Kumpels murmelten vor sich hin. Ich sah plötzlich das Hitlerbild vor mir, das in Papas Zimmer neben dem Bücherschrank hing. Klare, energische Augen, das kantige Kinn über dem hochgeschlagenen Mantelkragen. Der wußte immer schon, was er wollte und konnte.

Als ich zuhause begeistert über die Lesestunde berichtete, lächelte Papa. »Ja ja, der Vieweg«, sagte er, »nicht umsonst hat einer seiner Söhne den Vornamen Adolf-Friedrich. Nicht verstanden? Adolf nach Adolf Hitler und Friedrich nach Friedrich dem Großen.« (Friedrich der Große? Ach ja, das war der mit den vielen gewonnenen Schlachten, der in Sanssouci gewohnt hatte.) Ich wußte nicht recht: Fand Papa das nun gut, solche Namen auszusuchen, oder nicht? Mir gefiel Friedrich besser als Adolf. Aber nur so vom Klang her: Friedrich Vieweg – zweimal der lange, tönende Selbstlaut.

15

Wenn ich den Anger vor der Friedenseiche und danach die Dorfstraße überquerte, stand ich vor Gerlachs Gehöft. Für eine lange, lange Zeit war es mein zweites Zuhause.

Mit Onkel Wilhelm und Josef, dem Knecht, fuhr ich hinaus aufs Feld, die Leine zwischen den Fingern. Wie herrlich: Im Frühjahr das schimmernde Silber der jungen Saat vor dem drohenden Dunkel des aufziehenden Gewitters; drei Monate später die goldgelben Kornwogen, über denen die Mittagshitze flimmerte, mittendrin die Mäher in weißen Leinenhemden und die garbenbindenden Frauen mit ihren flatternden Helgoländern.[2] Und auch das war irgendwie schön: zuerst Durst, Hunger und lästiges Schwitzen, dann endlich die erfrischende Kühle des Schattens beim Rasten und Schmausen, beim Trinken aus der kreisenden Flasche.

Josef nahm mich mit zur Koppel, am Sonntagabend, wenn Lise und Hans heimgeritten wurden, Hans mit dem höckrigen Rückgrat, das ich zwischen den Backen spürte, sobald ich zu traben begann. Mit Rolf, dem gelbbraunen, stämmigen Hofhund, der seine Mittagsmahlzeit herunterschlang, zwängte ich mich in seine staubige Hütte und verfolgte das Geschehen auf dem Hof: Tante Frieda warf Salatköpfe zwischen die schnatternden Enten, Josef schmierte die Achsen des Ackerwagens, Onkel Wilhelm klopfte seine Pfeife am Treppengeländer aus. Rolf äugte zu mir auf, sein heißer Atem traf mich im Gesicht, seine Zunge fuhr mir über den Hals. Ich riß ihn an mich und drückte mein Gesicht in das Fell der warmen, bebenden Flanken.

Heuernte in den Stepenitzwiesen. Harken und Häufeln in der prallen Sonne. Mittags, wir saßen im Schatten des Trauerweidenbusches, gab's kühle Vanillesuppe mit Makronen. Ich watete und planschte in dem flachen Flüßchen, das sich träge dahinschleppte. Abends die Heimfahrt auf dem schwankenden, duftenden Wagen, geschützt hinter Onkel Wilhelms breitem Rücken mit den weißblauen Hosenträgern. Unten Lise und Hans, klein wie Ponys, oben die Zweige der Straßenbäume, unter denen wir uns wegduckten, wenn sie zu tief herabhingen.

In der Scheune verwandelten wir Kinder uns in Zirkusartisten. Ich tastete mich ängstlich auf dem Tennenbalken voran, wagte es nicht, nach unten zu schauen, wo der Leiterwagen stand. Dann die Mutprobe: In der Mitte kniete ich mich hin und hielt den Atem an, Heiner stieg über mich hinweg, ich stand zitternd auf und folgte ihm, bis wir uns endlich nach seinem »Allez hopp!« gemeinsam in den Taß hinabstürzten, aufgefangen von den piekenden Strohgarben.

An der Rückseite des Hofes stand eine verlassene Fachwerkkate, windschief und verfallen, mit struppigem Reetdach, voller Gerümpel. Bei allen hieß sie ›Das Alte Haus‹. In den verstaubten Truhen

2 Der »Helgoländer« ist eine weiße haubenförmige Kopfbedeckung, die dem Sonnenschutz dient.

suchten wir nach verborgenen Schätzen, die Löcher in den Lehmwänden, durch die der Westwind pfiff, waren die Schießscharten einer Festung, aus denen wir unsere Knallkorken auf den nahenden Feind abfeuerten. Am Sonntag verwandelte sich das Alte Haus in ein Piratenschiff. Die schwarze Fahne mit dem weißen Totenkopf knatterte über dem altersschwachen Dachfirst, unser Kapitän Heiner streifte seine Augenklappe über den Kopf und rief uns mit wildem Blick einen schmetternden Befehl zu: »Faßt Haken und Beile, bereit zum Entern!«

Aus dem Religionsunterricht kannte ich das himmlische Paradies. Es kam mir langweilig vor. Dies hier: am späten Nachmittag oder sonntags oder in den Ferien bei Gerlachs sein, am Tisch sitzen und klönen, süße Sahne schleckern, Büchsenleberwurst kosten, die Pferde striegeln und streicheln, überall herumstreunen – das war mein Paradies. Nicht zu übertreffen!

16

Es hatte alles so gut angefangen: Mittags Spinat und Spiegelei, hinterher Götterspeise. Leckere Sachen. Dann die Reifen aufgepumpt und los, Richtung Stadt. Papa vorneweg, ich dahinter im Windschatten. Die Sonne blinzelte durch das schüttere Frühjahrsgrün der Bäume und Büsche, man hörte die Vögel zwitschern, und hoch über den summenden Drähten der Hochspannungsleitung tummelten sich Herden von Schäfchenwolken. Ein herrlicher Sonntag!

Am Schützenheim angekommen, schoben wir die Räder in den Ständer und gingen hinüber zum Biergarten. »Eine kurze Rast haben wir uns verdient«, sagte Papa. Ehe wir uns hinsetzten, wedelte er mit dem Taschentuch den Staub von den Klappstühlen. Der Kellner kam, Papa bestellte, und wenig später stillten wir unseren Durst, er mit hellem Bier, ich mit Sprudel. Dann machten wir uns auf den Weg zu unserem Ausflugsziel, der Tierschau, die in den ›Prignitzer Nachrichten‹ als lehrreich angepriesen worden war.

Vor dem Waldrand, halbkreisförmig angeordnet, standen die Käfige, Schaukästen, Terrarien und Aquarien. Eingang und Ausgang waren deutlich markiert, der Weg durch ein Gatter abgegrenzt. Wir stellten uns vor der Kasse an und rückten schrittweise auf, bis Papa endlich »Ein Erwachsener, ein Kind« sagte, das Geld hinlegte, die Eintrittskarten in Empfang nahm und in die Westentasche schob. »Los geht's!«, kommandierte er.

Die Schau gefiel mir. Viele Tiere, die ich nur aus Büchern kannte, sah ich nun lebendig vor mir: Waschbären, Seidenäffchen, Klapperschlangen, Korallenfische. Papa erklärte mir umständlich, was ein Biotop ist. Auf Schrifttafeln las ich, wo die Tiere leben, wie sie sich ernähren, wer ihre natürlichen Feinde sind. Heimische Tiere, für die ich mich bisher kaum interessiert hatte, Nutrias oder Dachse zum Beispiel, konnte ich hier beim Fressen oder Spielen beobachten, ihnen in die Augen schauen, sie zum Näherkommen ermuntern. Sie anfassen und streicheln oder sogar füttern dürfen – das wäre schön gewesen! Aber es ging nicht; überall waren Verbotsschilder aufgehängt.

Dann stand ich vor fünf pummeligen schwarzweißen Meerschweinchen, die mich mit ihren dunklen Knopfaugen anblinzelten. Als ich leise pfiff, näherte sich das größte der Käfigtür, schnüffelte und stellte sich auf. Es sah aus, als wenn es mir zuwinkt. Ich blickte nach rechts, nach links. Niemand war in der Nähe, auch Papa nicht. Ich gab mir einen Ruck: Mach's doch einfach! Ich steckte den Zeigefinger durch die Drahtmasche, spürte das warme, pulsende Halsfell an meiner Haut und begann zu kraulen, zunächst vorsichtig, langsam, dann immer schneller und derber. Da geschah es, von einem Moment zum anderen: Das Meerschweinchen warf den Kopf zur Seite und packte meinen Finger. Ein stechender Schmerz durchzuckte mich. Ich riß die Hand zurück, sah die blutende Wunde und begann sie auszusaugen.

Plötzlich tauchte Papa neben mir auf. »Ist was? Du siehst ja ganz blaß aus.« »Das Meerschweinchen hat mich gebissen. In den Zeigefinger. Es blutet. Ist aber nicht schlimm.« »Zeig mal her!« Er besah sich die Wunde, zog mir das Taschentuch aus der Hosentasche und wickelte es um den Finger. »Klemm es ein, damit es nicht verrutscht.« Er schüttelte den Kopf. »Unglaublich, bissige Tiere den Besuchern anzubieten. Komm, wir beschweren uns. Das lassen wir uns nicht bieten.«

Er stampfte los und schob mich vor sich her. Dann standen wir wieder an der Kasse. Der Kartenverkäufer blickte uns fragend an. Papa räusperte sich. »Ich muß Beschwerde einlegen. Sind sie der Besitzer der Tierschau?« »Der bin ich. Worum geht es denn?« »Mein Sohn ist von einem Meerschweinchen gebissen worden. Das ist nicht in Ordnung. Ich verlange das Eintrittsgeld zurück.« Der Mann lachte auf und beugte sich vor. »Mein Herr, diese Rechnung geht nicht auf. Wenn er gebissen wurde, war er selbst dran schuld. Überall steht: Berühren und füttern verboten! Können sie nicht lesen?«

Er ist im Recht, dachte ich. Aber Papa blieb stur, gab nicht nach. »Krieg ich nun das Geld oder nicht?« Der Mann stemmte die Arme in die Hüften. »Nie und nimmer! Wie käme ich dazu? Schieben sie Leine, Mann!«

In diesem Augenblick passierte das Schreckliche. Papa trat vor und streckte den Arm in Richtung der offenen Kasse aus. Mir stockte der Atem. Der Mann packte ihn mit der einen Faust am Handgelenk, mit der anderen am Kragen, stieß ihn zurück und brüllte: »Hau ab oder ich schlag dich zusammen!« Papa taumelte, rutschte aus, kam wieder hoch. Im Nu waren wir eingezwängt in ein Knäuel schimpfender, gestikulierender Menschen. »Lange Finger machen, so eine Frechheit!«, schrie einer. Ich wünschte mich weit weg, hätte emporfliegen oder im Boden versinken mögen. Zum Glück stolperte ich, fiel hin und konnte davon kriechen, an Beinen, Schuhen, Rocksäumen und Hosenbeinen vorbei ins Freie.

Ich hetzte zurück zu unseren Rädern, hockte mich ins Gras und heulte los. Das durfte er doch nicht machen. Es wäre Diebstahl gewesen. Ekelhaft. Und die vielen Leute, die es mitangesehen hatten, die es weitererzählen würden! Ich wischte mir die Augen aus, stand auf, blickte hinüber zum Waldrand, wo sich immer noch eine Menschentraube vor der Kasse staute.

Endlich kam Papa zurück, mit rotem Gesicht und schweißnassen Haaren. Ich wandte mich ab. Er brubbelte vor sich hin. Ich verstand nur die Satzfetzen »zur Polizei gehen«, »anzeigen«, »Betrüger«. Ich hätte schreien mögen: Sei doch endlich still! Begriff er nicht, was er angerichtet hatte? Dann riß er ungestüm sein Rad aus dem Ständer, wir stiegen auf und fuhren los. Zuhause rannte er in den Garten, wo Mutti ihm entgegenkam. Ich hörte noch sein »Stell dir vor, Mieze, was wir erlebt haben ...«, dann schloß ich die Küchentür hinter mir, ging in den Flur und stieg die Bodentreppe empor.

In der Giebelstube saß Rose am Tisch und schrieb. Sie blickte auf. »Na, war's schön?« »Überhaupt nicht«, erwiderte ich, »es war schlimm. Fürchterlich.« Sie hörte sich an, was ich über den Vorfall berichtete. »Das ist ja unglaublich«, sagte sie tonlos und schüttelte den Kopf. Schließlich fügte sie hinzu: »Aber so neu ist das nun auch wieder nicht, daß er sich nicht beherrschen kann. Denk mal an die Geschichte mit dem Schreibtischstuhl.«

Ja, das stimmte. Damals hatten Mutti und Papa sich gezankt, er war wütend geworden und hatte den Stuhl auf den Fußboden geschleudert. Ein Bein war abgebrochen. »Wehe, ihr faßt den Stuhl an!«, hatte Mutti uns befohlen, »den soll er selber aufheben und zum Tischler bringen.« So hatten wir uns zu dritt gegen ihn verbündet.

»Es hilft nichts«, sagte Rose, »wir müssen damit leben. Mutti ja auch.« Sie nahm den Bleistift und schlug das Buch auf. »Läßt du mich weiterschreiben?« Ich stieg nach unten, niedergeschlagen und müde.

17

Mit Lilo spielen, das mochte ich. Hopse oder Neun-Äuglein, wenn sie drum bat; Suchen, Fußball, um die Wette klettern auf der Scheunenleiter, wenn ich es wollte.

Die sonnige, überwindige Lichtung inmitten der Haselnuß- und Brombeersträucher war unser Kampfplatz fürs Einkriegezeck. Hatte ich sie gefangen, hielt ich sie ganz fest und fing an, mit ihr zu ringen. Manchmal tat sie so, als ob ihr das nicht recht sei. Aber das stimmte gar nicht, denn sie wehrte sich nur mit halber Kraft. Das gefiel mir: Meine Arme von hinten um ihren warmen Leib schlingen, ihre Rippen unter meinen Fingern fühlen und von ihren Nackenhärchen gekitzelt werden. Oder wenn ich sie von vorn ergriff, meine Knie an ihre preßte und die dicken Zöpfe auf meiner Brust spürte; wenn ich ihre blitzenden Augen verfolgte, ihren hastigen Atem auffing, sie in den Rainfarn stieß und auf ihr lag als Sieger – dann das Innehalten, um ihren Hals, ihre Haare mit der Stirn zu streifen.

Oft verwirrte mich das. Ich behielt es ganz für mich, wie einen kostbaren Schatz: den Geruch ihrer Haut, die Bewegungen ihres Körpers, ihr helles Lachen, ihr zögerndes »Tschüs«, wenn wir uns trennten.

Ich hatte sie gern, die Lilo.

Post aus Haifa

18

Ich war aus der Schule gekommen und hatte Mittag gegessen. »Geh mal rüber ins Herrenzimmer«, sagte Mutti, »auf dem Schreibtisch findest du was ganz Interessantes!«

Sie hatte recht. Auf einem Briefumschlag, der neben dem Löscher lag, klebten fremdartige Marken, und die Schrift des Stempels konnte ich nicht lesen. Papa erklärte: »Das ist Englisch. Der Brief ist aus Haifa gekommen, einer Hafenstadt in Palästina, am Mittelmeer. Rate mal, von wem!« Ich war hilflos. Haifa, Palästina – das sagte mir überhaupt nichts. Papa reichte mir ein Foto. »Schau dir das mal an, vielleicht dämmert's dann.«

Ich blickte drauf, sah eine Frau, einen Mann und ein Kind vor einem Hauseingang stehen. Die Erwachsenen erkannte ich sofort: es waren Kutzners. Der schwarzgelockte Junge in kurzer Hose und weißem Oberhemd mußte also Peter sein, mein Spielgefährte von damals. »Ein schönes Bild«, sagte ich, »aber warum wohnen sie nicht mehr in Bernstein?« »Sie sind umgezogen«, erwiderte Papa, »eben nach Haifa, wo viele Juden wohnen. Herr Kutzner ist dabei, ein Geschäft zu eröffnen. Peter geht gern zur Schule, hat sehr gute Zensuren.« »Und warum haben sie früher nichts von sich hören lassen?«, fragte ich. »Sie mußten sehr viel arbeiten, um in der neuen Heimat Fuß zu fassen.« Papa nahm mir das Foto aus der Hand und verstaute es in der Schublade.

Abends hörte ich von meinem Zimmer aus, daß Mutti und Papa sich noch über Kutzners unterhielten. »Es wird richtig sein, was sie vorschlagen«, sagte Papa, »daß wir den Brief nicht beantworten.« Mutti war das nicht recht; sie wollte die Verbindung nicht aufgeben. Papa wurde energisch: »Aber Mieze, sie haben den richtigen Riecher, wenn sie schreiben, wir könnten Nackenschläge bekommen.« Durch Briefe? Und von wem denn? Das verstand ich nicht. Schade, dachte ich, daß wir nun nichts mehr voneinander hören werden.

19

Zwei Stunden Langeweile im Stadtwald. »Das ist kein Ausflug«, erklärte Vieweg, »das ist eine Exkursion, also eine Lehrwanderung!«

Und was sollten wir lernen? Das meiste wußte ich schon: was Laub- und Nadelbäume sind, wodurch sich Kiefern und Fichten unterscheiden, daß man Fliegenpilze nicht essen darf und die Jäger ›Losung‹ sagen, wenn sie Hasenkötel meinen. Ich hoffte darauf, aus den dunklen Wolken über den Wipfeln würde endlich Regen herunterprasseln. Aber es blieb trocken, und ich mußte mit allen anderen Viewegs eintönige Predigten ertragen.

Das war gestern gewesen. Und heute, in der letzten Stunde, plötzlich diese Aufforderung: »Schlagt eure Hefte auf. Ich will die zehn Sätze hören!« Welche zehn Sätze? Der Schreck fuhr mir in die Glieder. »Er hat sie uns gestern aufgegeben, Sätze über den Ausflug«, flüsterte mir Paule, mein Banknachbar, zu. Verdammt, das hatte ich verschusselt. Hoffentlich geht das gut, dachte ich.

Horst mußte als erster vorlesen, es folgte Klaus. Und dann stand Vieweg vor mir, schielte mich an und sagte: »Na, wie wär's mit dir?« Ich stotterte: »Ich, ich hab keine, keine Sätze, ich hab da gestern nicht aufgepaßt.« »Und warum hast du das nicht gleich gesagt, ehe wir anfingen? Dich gemeldet? Zu feige, was?« Das Blut schoß mir ins Gesicht. »Komm, Freundchen, komm mal nach vorn. Das muß geahndet werden, unverzüglich.«

Mir war klar, was jetzt geschehen würde. Schon stand ich neben dem Lehrertisch. Vieweg zog die Schublade auf und hielt den Rohrstock in der Hand. Ich bückte mich, ohne das Kommando abzuwarten. »Die Hosen stramm ziehen!«, zischte er. »Für zwei Sätze gibt's je einen Schlag. Kannst mitzählen!« Nicht schreien, nicht stöhnen, nicht heulen, befahl ich mir. Und hielt es durch, trotz der unsäglichen Schmerzen.

Nach Hause fuhr ich mehr im Stehen als im Sitzen. In der Scheune lehnte ich das Rad an die Leiter, zog Hose und Unterhose herunter und besah meinen Hintern. Drei blaurote Striemen konnte ich erkennen. »Was rutschst du denn immerzu hin und her?«, fragte Mutti, als ich am Mittagstisch saß. »Ach, nur so. Ich hab da wohl 'nen Pickel«, erwiderte ich.

Seit diesem Tage war ich fertig mit Vieweg, ein für allemal. Wenn ich ihn sah, fiel mir nur das Wort Schweinehund ein.

20

Jetzt in Berlin sein! Egal, mit wem, mit Mutti oder Papa, mit Onkel Otto oder Tante Emma, die in Berlin mit ihrem Opel P4 umherfuhren: Hauptsache, ich könnte im Olympiastadion sitzen, dürfte die Sportler aus aller Herren Länder beklatschen und anfeuern, wenn sie um die Medaillen stritten!

Aber das war nur ein Traum. Ich saß vor dem Radio und lauschte den aufgeregten Reportern, las die Sportseite der Zeitung und suchte in der Illustrierten nach den Fotos der Gewinner. Nur das war mir geblieben. Trotzdem, es waren spannende Stunden, Tag für Tag, zwei Wochen lang. Luz Longs verbissener Kampf mit Jesse Owens, dem amerikanischen Lauf- und Sprungwunder; das verdammte Staffelpech unserer Frauen, die vorne lagen, bis Ilse Dörpfeld auf der Zielgeraden den Stab verlor; die drei Finnen, Runde um Runde an der Spitze des Zehntausendmeter-Feldes, hinter ihnen der kleine Japaner, dem zu guter Letzt nur der mißliche vierte Platz blieb; der fantastische Marathonsieg von Kitei Son …

Einer der Sportler war ein wirklicher Held, fand ich. Ein Deutscher natürlich, und ein Offizier dazu: Oberleutnant Freiherr von Wangenheim! Am letzten Tag der Spiele hockte ich wieder vor dem Lautsprecher. Der nervöse Reporter erinnerte an die deutschen Erfolge in den ersten beiden Tagen der Military. Aber, so fragte er, wie stünde es heute mit dem Mannschaftssieg im abschließenden Jagdspringen? Denn gestern war Wangenheim im Gelände gestürzt und hatte sich das Schlüsselbein gebrochen. Konnte er heute starten?

Ja, er konnte! Mit hoher, sich überschlagender Stimme schilderte der Reporter, wie Wangenheim mit verbundenem, angeschnalltem Arm und schmerzverzerrtem Gesicht in den Sattel stieg und losritt. Unglaublich, dachte ich. Aber es sollte noch dramatischer werden. »O Gott, ein Sturz!«, tönte es aus dem Radio, »das war's wohl. Oder doch nicht? Nein! Er stellt das Pferd auf die Beine! Und sitzt ohne Hilfe auf!« Die Sätze des Reporters gingen unter im stürmischen Jubel der Zuschauer. Dann, zehn Minuten später, sprang ich auf und riß die Arme hoch. Die deutsche Mannschaft war Olympiasieger. Die dreiunddreißigste Goldmedaille!

»Ein toller Kerl, der Wangenheim«, sagte Papa. »Da siehst du mal, was man beim Militär lernt: nicht aufgeben, die Zähne zusammenbeißen, wenn's auch wehtut, und an den Sieg glauben! Hinterher weiß man dann nichts mehr vom Schmerz.« Und er fügte hinzu: »Wirst es später noch lernen, wenn du Soldat bist. Zum Glück haben wir wieder die Wehrpflicht und müssen uns nicht mehr mit der fipsigen Reichswehr begnügen.«

21

Der Plüschsessel am Fenster war Opa Pauls Leseplatz. Zwei Bücher pro Woche aus der Stadtbibliothek, das war sein Pensum. Über die Brille hinweg musterte er mich. Unser Begrüßungsspiel begann: »Kannst du Französisch?« »Nein, Opa.« »Aber ich. Aus dem Krieg. Paß auf: Ex, Pex, Klex – das heißt Tag, Abend, Mitternacht. Wiederhole!« Ich sagte »Ex, Pex, Klex«, lächelte ungläubig und blieb vor ihm stehen. Er wandte sich ab und las weiter.

Jetzt durfte ich nebenan, im Schlafzimmer, mit dem alten Vorderlader und dem schweren Kürassiersäbel Krieg spielen. Der Sturm auf die Düppeler Schanzen oder die Schlacht bei Sedan, das waren meine Lieblingsthemen. Über die Betten hinweg eröffnete ich das Feuer, schwang den Säbel und schrie: »Mir nach!«

Oder ich durfte leise, ohne Opa zu behelligen, den Bücherschrank im Wohnzimmer durchstöbern. Welche Schätze! Meyers Konversationslexikon mit den schönen bunten Bildern unter knisterndem Seidenpapier: Volkstrachten, Frühlingsblumen, Uniformen, Edelsteine. ›Die Woche‹, zwei rotleinene Wälzer, fleckig, zerlesen, eingerissen: grausliche Fotos von einem Theaterbrand in Stuttgart, einem Eisenbahnunglück in Neapel, vom Ausbruch des Mont Pelé auf Martinique. (Die Kirchturmuhr war stehen geblieben, als es passierte.) Haydn-Sinfonien, fürs Klavier bearbeitet, vierhändig, ein dicker Packen Noten. Vorne, auf dem Titelblatt, spielte eine halbnackte Frau auf der Harfe.

Manchmal umkreiste Opa den klobigen Ausziehtisch und ordnete drei Spielern, die gar nicht vorhanden waren, Skatkarten zu. Er wanderte von einem Platz zum nächsten, murmelte vor sich hin, hantierte mit den Karten. Irgendwann blieb er dann stehen und sagte etwas zu mir, ohne mich anzublicken. Es bedeutete immer, daß ich ihm lästig geworden war, ihn in seinen Skatfantasien oder beim Lesen störte.

»Du mußt jetzt gehen. Gleich kommt eine Frau, die ich bestellt habe. Wegen einer Mieterschutzsache. Du weißt doch, daß ich Leute deshalb berate.«

Ich gab ihm die Hand, machte einen Diener. Schon war ich draußen, stand im Korridor, wo es nach Franzbranntwein und Harzer Käse roch. Auf der Treppe kam mir niemand entgegen. Vor dem Haus blickte ich nach beiden Seiten. Die Straße war wie ausgestorben. Ganz hinten, weit weg, eine Frau mit Strohhut. Oma Alwine? Ich war mir nicht sicher und machte mich davon.

Wenn ich mit Opa Paul zusammentraf, dann war das wie auf dem Markt, wie in irgendeinem Laden – bei Schlächter Schulz oder in Seemanns Fahrradgeschäft: Ich sehe Bekannte, sage guten Tag, wechsle ein paar Worte und habe die Leute fast schon vergessen, wenn ich aufs Rad steige. Nein, mit Opa war nichts anzufangen, absolut nichts. Dann schon eher mit Oma, die mich sogar dabehielt, wenn ich sie zufällig an ihrem Kränzchentag besuchte. Zwischen den sechs piekfeinen, schnatternden Damen sitzen, Kirschtorte essen, artig aus der Schule berichten und Tante Paulas 4711-Duft genießen – das hielt ich schon eine zeitlang aus, ohne mich zu langweilen oder überflüssig zu fühlen.

22

Endlich war der Frühling gekommen. Ich blickte in den Garten hinab und lauschte dem Konzert unserer Grabenfrösche. Die an- und abschwellende Melodie ihrer Quaktöne weckte die Erinnerung an das schwarzgrüne Moor, das sich, ziemlich weit westwärts, inmitten endloser Wiesen und Koppeln verbarg. Ich streifte die Windjacke über, stieg in die Gummistiefel und machte mich auf den Weg.

Im feingliedrigen Netz des Erlengeästs keimten die ersten Blätter und spiegelten sich im dunklen Wasser. Behutsam tastete ich mich voran, sprang vorsichtig von Baum zu Baum, hockte mich hin und horchte. Der Schlamm trieb blubbernde Bläschen empor, die mit zirpendem Geräusch zerplatzten. Hinter mir, unter dem Gesträuch, plätscherte ein verborgenes Rinnsal. Als ich mich aufrichtete, schwirrte plötzlich eine Taube davon.

Die Strauchhütte, die ich im vergangenen Jahr auf einem der wenigen trockenen Hügel gebaut hatte, war noch unberührt. Auf dem knisternden Blätterbett, das Herbst und Winter hinterlassen hatten, streckte ich mich aus, blinzelte in die Sonne und zählte die Läutsignale des fernen Zuges. Herrlich war's, ganz allein zu sein, zu faulenzen, die Stiefel abzustreifen und mit den Beinen in der Luft zu stangeln. Plötzlich fiel mir ein: Drei Monate zuvor, im klirrend kalten Januar, hatte ich mich noch mit den neuen Schlittschuhen abgequält, nicht weit von hier, in den überschwemmten Koppeln mit ihrem Spiegeleis. Ich war nur mühselig vorangekommen, hatte mich am Draht entlanggehangelt, um nicht das Gleichgewicht zu verlieren. Dann doch der Sturz – jählings und schmerzhaft. Und seine Folge: der Stern im Eis!

Die Sonne verschwand hinter einer Wolkenbank. Es wurde kühl und ungemütlich. Ich machte mich auf den Heimweg. Unerläßliche Verpflichtungen warteten: Hausaufgaben, hungrige Kaninchen, die halbfertige Holzmiete. Das nahm mir keiner ab. Warum auch? Als ich zuhause ankam, quakten die Frösche immer noch.

23

Es hatte damit begonnen, daß Mutti sagte: »Ist ja nett von dir, Friedhelm zu besuchen, aber das geht nicht. Er liegt mit Mumps im Bett. Da könntest du dich anstecken.« »Mumps – was ist das denn?«, fragte ich. Wie so oft war ihre Erklärung sehr kurz. »Ist so 'ne Ohren- und Halsgeschichte, 'ne fiebrige Entzündung.«

Was sollte ich damit anfangen? Papa hätte es mir vielleicht ausführlich verklart, aber der hatte sich wieder mal vom mittäglichen ›Allerlei-von-zwei-bis-drei‹ des Radios einlullen lassen und war danach in die Stadt gefahren. Plötzlich kam mir der dicke blauleinene Wälzer in den Sinn, der ganz unten im Bücherschrank stand. Mutti nannte ihn ›Krankenbuch‹; in Wirklichkeit war es aber ein Buch über Krankheiten und ihre Behandlung, von einem Arzt geschrieben für Leute, die nicht vom Fach waren. Ich ging hinüber ins Herrenzimmer, öffnete die Schranktür und zog das Buch aus dem Regal. Ich wußte: Zunächst mußte ich das Wort ›Mumps‹ im Inhaltsverzeichnis des Buches finden, entweder vorne oder hinten. Ich begann zu suchen. Vorne gab es keine Wörterliste. Hinten fand ich dann, auf der letzten Seite, unter den Buchstaben W bis Z, die Namen von ungefähr zwanzig Krankheiten. Also hätte ich jetzt zurückblättern müssen. Dazu kam es aber nicht mehr, denn ich wurde abgelenkt. Auf dem hinteren Buchdeckel war eine flache Papiertasche befestigt, in der ein verblichenes Faltblatt und eine rötliche Broschüre steckten. Ich wurde neugierig. Was war das denn?

Aus dem Faltblatt ließ sich ein Bild herstellen, fast so groß wie eine Zeitungsseite. Ich stutzte. Ach du liebe Zeit: ein todernster Mann und eine lächelnde Frau, beide splitternackt! Was an unbekleideten Erwachsenen in der Hüftgegend so alles dran ist, wußte ich nicht sehr genau – woher auch? Mutti, Papa und Rose, sie alle hatte ich noch niemals im Adamskostüm zu Gesicht gekriegt. Wenn sie sich auszogen, morgens oder abends, war ich nicht dabei oder mußte aus dem Zimmer gehen.

War Mutti noch im Blumengarten, wie vorhin? Ich ging zum Fenster und lugte durch die Gardine. Mutti hatte das Rondell vom Unkraut gesäubert und war dabei, neue Blumenstauden einzusetzen. Also war von ihr nichts zu befürchten.

Bei der Frau das dunkle Dreieck mit dem krausen Pelz – irgendwie schön. Aber was war darunter, bloß das Pinkelloch? Nein, es war mehr. Weil die Bilder der beiden Körper aufzuklappen waren, konnte ich ins Innere hineinschauen und entdeckte im Unterbauch der Frau ein winziges zusammengekrümmtes Baby, eingehüllt von einem Beutel. So also sah ein Kind vor der Geburt aus! Bei dem Mann waren bloß die Eingeweide zu sehen, die ich schon kannte. Und sein großer Puller, der aus dem Haarbusch heraushing. Ob meiner auch mal so werden würde?

Die Broschüre hatte den Titel ›Über das Intimleben des Menschen‹. Intimleben? Was das wohl war. – Beim Durchblättern stieß ich auf viele Abbildungen. Keine Fotos, sondern Zeichnungen. Der ›Geschlechtsorgane‹, wie es dort hieß. Jetzt erfuhr ich, was sich alles unter den ›Schamhaaren‹, wie sie genannt wurden, befand: beim Mann das ›Glied‹ und die ›Hoden‹, bei der Frau die ›Schamlippen‹, der ›Kitzler‹ und die ›Scheide‹. Seltsame Namen, fand ich. Und ich erfuhr beim Lesen, warum es das alles gab, und außerdem, wozu es gebraucht wurde. Das war spannend! Mit heißen Wangen verschlang ich den Text, begriff, welche interessanten, aufregenden Geheimnisse sich hinter dem Wort ›Geschlechtsverkehr‹ verbargen.

Was für ein Wissensschatz! Nur: Ich konnte zuhause und in der Schule nichts damit anfangen. Denn eigentlich – so war es ja von den Großen und Alten gedacht – durfte ich das alles noch gar nicht wissen. Ein verdammtes Versteckspiel. Völlig sinnlos und zum Kotzen!

Gut, erledigt, dachte ich. Nur nicht aufregen. Wenigstens unter den Kumpels konnte ich es gebrauchen. Vorzüglich sogar! Denn ich wußte jetzt besser Bescheid über das, was gemeint sein konnte, wenn in Gedichten und Liedern das Wort ›Liebeslust‹ vorkam. Nämlich mehr und Besseres und Schöneres, als wir es uns vorgestellt hatten, wenn wir in unserer Schmuddelsprache über Nutten und Weiber, über Liebespaare und über Schwanz und Pflaume gelästert hatten.

24

Wir hockten im Alten Haus, auf den Überresten des eingestürzten Rauchfangs. Heiner, unser Anführer, außerdem Otto und Achim, die ungleichen Brüder, schließlich Emil und ich, der Jüngste von allen. Es ging um das Schicksal des Backhauses. Einen Steinwurf von uns entfernt stand das ramponierte, wacklige Gebäude, das niemand mehr benutzte, in Gerlachs weiträumigem Hinterhof, versteckt zwischen Holunderbüschen. Die breite Krone einer steinalten Eiche überwölbte die hinfällige Bruchbude.

Heiner sagte: »Also wir machen's heute. Die Luft ist rein. Kein Mensch wird was merken.« Otto wagte einen Einwand: »Die sind aber zuhause. Deine Tante sitzt vorne am Fenster und strickt.«

»Na und? Kann sie's von da aus sehen? Und Onkel Wilhelm, der alte Suffkopp, pennt seinen Frühschoppen aus. Ideal heute, am Sonntag. Also wollt ihr nun oder nicht?« Das klang drohend. Wir schwiegen. Heiner stand auf, schlug mit der Klinge des Seitengewehrs auf den morschen Tisch und spuckte aus. Emil brachte das Gespräch wieder in Gang: »Na gut, aber wie machen wir's? Bleibt es beim Stützbalken?«

»Ich denk schon«, sagte Heiner, »auf ihm ruht die vordere Wand, und wenn er bricht, kracht der ganze Kasten zusammen. Wir nehmen 'ne Bohle aus dem Holzschuppen, die ist schwer wie 'ne Eisenbahnschwelle. Die stoßen wir gemeinsam gegen den Stützbalken – auf mein Kommando. Und dann wumm! Genau auf die Stelle mit dem Fugenloch, wo früher die Strebe durchging. Außerdem ist der Balken da schon mächtig angefault.«

»Und dann fällt uns das Dach auf den Kopf, ehe wir drunter weg sind«, entgegnete Otto. Heiner lachte laut auf. »Also hör sich einer den Hosenscheißer an. Mensch, das Einstürzen ist doch kein Blitz! Alles kommt ins Rutschen, ganz langsam, und dann sind wir längst über alle Berge. – Also ran an die Arbeit!«

Er verteilte die Aufgaben. Otto blieb im Alten Haus zurück, bezog einen sichtgeschützten Platz zum Schmierestehen. Achim, Emil und ich, wir suchten uns eine Bohle, schleppten sie aus dem Holzschuppen und warteten auf Heiners Befehle. Aber noch war es nicht soweit. Er hackte und schnickerte mit dem Seitengewehr an der kritischen Stelle des Stützbalkens herum, damit sie noch bruchreifer wird. Endlich stieß er die Klinge in den Boden, zog sie heraus und wischte die Erdreste mit dem Daumenballen ab.

»Paßt auf: Nach dem Stoß sofort rum um den Holzschuppen, an der Hecke entlang, rüber in Busses Hinterhof, dann im Graben zurückrobben zum Alten Haus. Da treffen wir uns im oberen Stockwerk. Klar, verstanden?« Wir nickten. Heiner holte tief Luft, während wir, die Bohle unter die Arme geklemmt, halb gebückt, in prickelnder Spannung, das erlösende Kommando herbeisehnten.

»Einundzwanzig, zweiundzwanzig, dreiundzwanzig – los!«

Wir stürzten auf den Stützbalken zu, nahmen die Bruchstelle aufs Korn und rammten unser Instrument mit aller Kraft gegen das Hindernis. Der Stoß riß es uns aus den Händen, wir sprangen weg, hatten schon den Holzschuppen erreicht. Hinter uns knirschte und schepperte es, dann schwoll das Geräusch zu einem brausenden Krachen an, das die heitere Sommerluft zerriß. Als ich mich kurz vor der Hecke umdrehte, sah ich eine riesige gelbe Wolke, die den Stamm der Eiche einhüllte und die Trümmer zuzudecken begann.

Im Alten Haus äugten wir durch die Löcher der Wand. Die gelbe Wolke hatte sich gelichtet, hing jetzt in den Zweigen der Eiche, der Wind wälzte sie langsam über die Gänsewiese. Die grelle Sonne des Frühnachmittags beschien einen traurigen Haufen: zerschlagene Ziegel, geborstene Balken und Streben, ineinandergekeilt, Lehmklumpen an bräunlichen Strohfetzen. Mittendrin, fast unversehrt, hockte der Backofen und stemmte seine gewölbte Decke gegen den herabgefallenen Firstbalken. Er hatte es tatsächlich fast unbeschädigt überstanden!

Und dann geschah, was ich die ganze Zeit befürchtet hatte:

Onkel Wilhelm tauchte auf. Schwer atmend, den Bierbauch wie eine Kartoffelmolle vor sich hertragend, hastete er den Weg entlang, stierte auf die gelbe Wolke, die ihm entgegenkam, verhielt seinen Schritt, blieb lange stehen. Dann drehte er sich mühsam um, wischte den Schweiß von der Glatze und trottete zurück in den Hof.

Er tat mir leid. Dennoch war ich stolz, erfolgstrunken, außer Rand und Band und führte einen Freudentanz auf, wie die andern, mit den andern. »Ruhe jetzt!«, mahnte Heiner. Und er fügte hinzu: »Eins ist wohl klar: das bleibt unter uns. Wer sich nicht daran hält, kann was erleben!« Da hat er recht, dachte ich.

Eine Woche lang mied ich Gerlachs Gehöft und seine Bewohner. Dann wußte ich: Alle Leute im Dorf, auch Tante Frieda und Onkel Wilhelm, glaubten, das Backhaus sei von selbst eingestürzt. »Das war höchste Zeit«, sagte Papa, »ein Glück, daß keiner drin war, dem es auf den Kopf gefallen ist.«

So ging ich wieder hin. Und alles war wie früher.

25

Es war laut im Dorf, hektisch und kribbelig. Fähnchen und Girlanden überall. Schützenfest! Ich mußte den kratzigen Bleyleanzug mit dem weißen Kragen anziehen. Auf dem Anger mit den Turngeräten trat die Feuerwehr an, und auch die Männer vom Kriegerverein versammelten sich, Ordensspangen am Jackett, die Hände vor dem Bauch gefaltet. Papa stand abseits, blickte gelangweilt in die Runde, nickte diesem und jenem zu.

Das Städtische Orchester hatte sich verspätet. Also war Kriegenspielen angesagt, rund um die Hitlereiche mit ihrer flachen Hecke, die leicht zu überspringen war. Ich zog mir die Jacke aus, krempelte die Hemdsärmel hoch. Los ging's mit dem Jagen und Gejagtwerden.

»Weg da von der Eiche!« – Eben noch hatte Otto Schmiel, der Ortsbauernführer, am Reck eine Riesenfelge mit Grätschabgang vorgeführt und den Beifall der Zuschauer eingeheimst. Jetzt bangte er sich um Hecke und Baum, die er gemeinsam mit Stahlhelmern und SA-Leuten damals eingepflanzt hatte. (Sehr feierlich war das gewesen. Viele Fahnen, ganz viele Menschen. Dann die Rede des Kreisleiters, über den Führer und über das neue, das Dritte Reich.

Angießen mit Eimern und Kannen. Dann die Hymnen: »Deutschland, Deutschland über alles ... Die Fahne hoch ...«. Leise hatte ich mitgesummt, weil ich die Texte noch nicht im Kopf hatte.)

Endlich erschien die Kapelle und setzte sich an die Spitze des Zuges. Dahinter der Kriegerverein und die Feuerwehr. Es folgte der Rest des Dorfes, eine ungeordnete Menge: Mädchen in festlichen Dirndlkleidern, Soldaten, Oberförster Meyer und sein Adjunkt, die Omas mit ihren kakelbunten Strohhüten, Frauen mit Kinderwagen. Und wir Jungens. Mutti war nicht mitgekommen, weil sie sich nicht wohlfühlte, und Rose war auch zuhause geblieben. Sie war für Volksfeste nicht zu haben.

Ein Stückchen ging's die Dorfstraße entlang, dann rechtsherum auf die Teerchaussee. Die Musiker waren mit ›Alte Kameraden‹ noch nicht fertig, schon mußten sie in den Feldweg einbiegen, Richtung Seiferts Tannen. Jetzt spielten sie den Egerländer Marsch, ausgerechnet dort, wo der Weg sandiger wurde und das Tritthalten schwerfiel. Aber sie blieben im Takt, und auch die alten Krieger hielten wacker mit. Nur bei der Feuerwehr haperte es mit dem Gleichschritt. Ich ging kurz beiseite, um den lästigen Flugsand aus den Schuhen zu schütten und reihte mich wieder ein. Am Waldrand hieß es »Abteilung halt!« Bürgermeister Rosenheim setzte die Brille auf und las seine Festrede vor. Da konnten wir Jungens uns davonmachen.

Was gab's zu essen und zu trinken? – Wilhelm Martens schüttete die grünen Waldmeisterbonbons in den Glasbehälter, ordnete die Honiggläser und rückte die Bücklingskisten aus der Sonne. Fritz Mühe umrundete noch einmal sein Bierzelt, prüfte die Haltetaue, deckte die Biergläser mit Trockentüchern zu und wischte die Tische ab. Neben der Schneise hatte sich die Bäckersche aufgebaut. Ihr dürrer, blasser Geselle (»Mit dem hat sie was«, sagten die Leute) schob die Kuchenbleche in den Ständer. Es roch nach gebackenen Pflaumen und Kirschen. Wir schlugen nach den Wespen, die um unsere Köpfe schwirrten. »Haut ab hier, staubt mir den ganzen Kuchen voll. Verdammte Bengels!«

Der konnte nur meckern, hier genau so wie in seiner Backstube. Also weg. Hinüber zum Schießstand. Dort taten sich die großen Burschen, Egon, Richard und Willi, dicke mit ihren wichtigen Festaufträgen. Sie durften die Gleitschienen für den Scheibenwechsel schmieren, waren für die Bewachung der Gewehre, Munitionsschachteln und Schießprotokolle zuständig und hatten die Treffer anzuzeigen. »Laß ja die Flüstertüte stehen, oder du steckst gleich im Staucherfett, mein Lieber!« Das war Egon, der geschniegelte Angeber. Emil mußte eine Ohrfeige einstecken, weil er die Gewehre angefaßt hatte, und Achim konnte sich gerade noch wegdrehen, um einem Fußtritt von Willi auszuweichen. Älter müßten wir sein und stärker, dachte ich, dann könnten sie was erleben, die Großschnauzen. Dann dürften wir im Stollen sitzen, wenn die Kugeln oben die Scheiben zerfetzten, wenn sie in den Sandberg einschlugen, wenn der Treffer gemeldet wurde.

Ein Hornsignal rief die Schützen. Endlich ging's los! Die ersten Schüsse peitschten durch den Wald.

»Weg hier, Jungs, oder ich brenn euch eins auf den Pelz!« Otto Schmiel sah aus, als wenn er das ernst meinte. Breitbeinig stand er da und lud durch. Er zog den Kolben ein, seine glattrasierte Backe quoll über den Holzrand. Luftanhalten, Erstarren des Körpers. Stille ringsum. Die Laufmündung schwankte kaum vor dem dunklen Kusselhintergrund. Ich hörte mein Atmen, dann knallte es, kurz, laut, und noch einmal nachhallend, weil die Kiefernwipfel das Echo auf unsere Köpfe herabwarfen. Langsam hob er das Gewehr von der Auflage ab und trat zurück. Von drüben kam die Anzeige: Neun. »Mist. Feinkorn ist falsch.« »Besser als 'ne Fahrkarte, Otto«, sagte Onkel Wilhelm. »Mann, verstehst du nicht: ich will mehr als bloß treffen!«

Ich wartete darauf, daß Papa eine Büchse nahm. Mit verschränkten Armen stand er hinter einem Baum und verfolgte aufmerksam die Schießergebnisse. Warum ging er nicht hin und trug sich in die Liste ein? Die andern würden ihn vielleicht sogar vorlassen, weil er früher Offizier war.

»Schieß doch auch mal, Papa!«, sagte ich. Onkel Wilhelm unterstützte mich: »Na eben, tu ihm doch den Gefallen.« Papa lachte und schüttelte den Kopf. »Ja, wenn ich eine Haubitze hätte und das Ziel stünde drüben auf dem Gelben Berg – das könnte etwas werden. Aber hier, mit diesen Schießprügeln? Das ist nicht meine Welt.«

Ich war enttäuscht. Emils Vater schoß, wenn auch schlecht. Der Vater von Achim und Otto schoß, alle, die herumstanden, schossen. Bloß Papa nicht. Hatte er Angst, nicht zu treffen und sich zu blamieren?

»Komm, wir gehen ins Bierzelt.« Papa faßte mich um die Schulter. Ich blieb stehen, bis er mich losließ, und trottete hinter ihm her. Er gab sich großzügig und spendierte mir eine ganze Flasche Brause, nicht bloß, wie sonst, ein Glas. Dazu zwei Lakritzestangen. Außerdem durfte ich bei Martens' Glücksrad einen Fünfziger einsetzen. Und tatsächlich hatte ich Glück: Die knarrende Blechmarke blieb auf meiner Nummer stehen, und Martens drückte mir den Gewinn in die Hand. Papa griff sich ein paar alte Zeitungen, die auf dem Verkaufstisch lagen, und wickelte die Bücklinge umständlich ein. »Genügt nicht ein Blatt?«, fragte ich. »Wieso nur eins? Siehst du nicht, wie schnell sie durchfetten? Dumme Frage.«

Er stand auf, drehte mir den Rücken zu und begann ein Gespräch mit dem Förster. Ich ging wieder zum Schießstand. Dort war es spannend wie zuvor. Wer würde Schützenkönig werden? Ich hielt durch bis zum Schluß und klatschte mit, als Schmiels Sieg verkündet und begossen wurde. »Bist du nicht müde, Hansi?«, fragte er mich und kraulte mir die Haare. Ich schüttelte den Kopf. Wenn er, den ich so dufte fand, gewann – wie sollte ich da müde werden?

Wo war Papa geblieben? Ich ging auf die Suche, fand ihn aber nirgends. »Der hat sich schon davongemacht«, sagte der Bäckergeselle. Komisch, dachte ich, hätte mir's ja auch sagen können, daß er abhaut. Na gut, dann eben nicht.

Im Wald verebbte der Lärm. Es wurde schummrig. Die Verkaufsbuden waren schon verlassen, Fritz Mühe brach eilig, ja überhastet sein Zelt ab, weil es bei ihm im Krug abends weitergehen würde. Kriegerball, bis in den Morgen hinein.

Wir Jungens hockten wieder im Stollen, kratzten im Sand nach den verformten Bleiklumpen. Als wir heimgingen, im Halbdunkel schon, schlugen sie durch die Hosentaschen hindurch gegen unsere Oberschenkel. Was mit ihnen anzufangen war, wußte keiner; dennoch trugen wir sie nach Hause wie einen kostbaren Schatz.

26

»Hier«, sagte Papa und warf mir die Zeitung hin, »guck sie mal durch von vorne bis hinten und sieh zu, ob du irgendwas Interessantes findest. Wirst sehen, es lohnt sich!« Er drehte sich um und ging hinaus.

Das machte mich neugierig. Ich lehnte mich zurück, überflog Seite für Seite, blieb hier und da an Namen oder Fotos hängen und blätterte weiter. Plötzlich ein Bild, die Zeichnung eines Kriegsschiffs. Es fiel mir wie Schuppen von den Augen: Das stammte ja von mir! Sofort begann ich das Gedruckte zu lesen, in das mein Bild eingefügt war. Die Überschrift lautete: ›Aus dem Zeichenheft eines Grundschulkindes‹. Und darunter stand, nicht ganz so groß und auffällig, Papas Name. Darum also sollte ich die ›Prignitzer Nachrichten‹ durchsehen!

Beim Lesen wurde mir klar, daß Papa heimlich mein Zeichenheft studiert haben mußte, um zu schildern, was ich so alles auf dem Papier festgehalten hatte: Rennautos, Panzer, Flugzeuge, Kanonen und immer wieder Kreuzer und U-Boote. Außerdem schrieb er, aus diesen Zeichnungen könnte man ersehen, wofür sich unsere Jugend interessiert. Und weiter: Es sei sehr erfreulich, wenn die Technik und vor allem die Waffen der Wehrmacht dabei eine große Rolle spielen; dafür, daß die Kinder von heute späterhin gern und freudig Soldat werden, würde das nützlich und wertvoll sein; ein positives Ergebnis der schulischen und häuslichen Erziehung.

Ich legte die Zeitung aus der Hand. Nein, dachte ich, böse kannst du ihm beileibe nicht sein, weil er's hinter deinem Rücken geschrieben hat. Deshalb bedankte ich mich bei ihm, als er wieder ins Zimmer trat. »Schon gut, schon gut«, sagte er, »hat dir also gefallen. Den Bekannten auch, die es gelesen haben. Ich schreibe für die Zeitung aber noch andere Sachen. Ich glaube, das weißt du noch nicht, stimmt's?« Ich nickte. »Na, dann hör zu, ich erzähl's dir.«

Nun erfuhr ich, daß er in diesem Jahr Artikel über die Gartenarbeit schrieb, jeden Monat einen. Deshalb also, fiel mir ein, hatte er im Winter die Sämereien- und Pflanzenkataloge der Firma Wehrenpfennig aus Quedlinburg so genau gelesen und sich Notizen gemacht. Auch der dicke Botanik-Schmöker von Schmeil, den er immer wieder zum Nachschlagen aus dem Bücherschrank holte, diente sicher demselben Zweck. »Und welcher Monat ist jetzt dran?«, fragte ich. »Der Juni«, erwiderte Papa, »nächste Woche muß ich den Schrieb abliefern. Und zwar lesbar, besser als deine Sauklaue von neulich!« (Damit spielte er auf meinen letzten Klassenaufsatz an, auf die Schriftzensur ›mangelhaft‹.)

»Außerdem«, so erzählte er weiter, »bin ich Dorfberichterstatter über Festlichkeiten, Katastrophen und sonstige besondere

Ereignisse. Da kann man auch Pech haben und sich völlig umsonst abstrampeln. Weißt du noch, im vorigen Jahr, der schwere Autounfall auf der Teerchaussee, in der scharfen Kurve hinter dem Hof von Damms?« Ich nickte. »Du meinst das Wehrmachtsauto. In der Nacht, vier Tote.« »Genau das meine ich«, sagte Papa, »ich schrieb den Bericht, ganz schnell, noch am Morgen danach, setzte mich aufs Rad und brachte ihn in die Redaktion. Und was brummte der Kayatz? ›Das können wir nicht bringen, Unfälle der Wehrmacht müssen vertraulich behandelt werden. Das sind eben Geheimsachen.‹ Zum Glück blieb mir wenigstens das Honorar.«

»Schreibst wohl gerne solche Artikel?«, fragte ich. Er nickte. »Schreiben macht Spaß. Und dann ...«, er zögerte einen Augenblick, »dann geht es ja auch ums Geld. Das Zeilenhonorar ist nicht berauschend, aber eben besser als nichts. Um die miese Pension aufzubessern, verstehst du!«

Ich erschrak. Zum ersten Mal wurde mir ganz offen gesagt, daß wir nicht viel in die Milch zu brocken hatten. Jetzt ging mir ein Licht auf. Darum also die vielen Johannisbeersträucher im Garten, die ich so haßte: zum Abliefern des Obstes für Geld! Und darum also war Papa der Vorsänger in der Kirche, zweimal im Monat: für die zehn Mark, die Pastor Rott ihm dafür auszahlte, und nicht bloß, weil die Orgel fehlte! – Waren wir arme Schlucker? Nein. Mit den Bauern mußte man sich ja nicht messen.

Abschied von Paule

27

Im Januar schon hatte Papa es angekündigt: »Deine Tage in der Volksschule sind gezählt. Ich habe mit dem Rektor über die Sache gesprochen. Er hat nichts dagegen, wenn deine Leistungen so bleiben wie sie sind.« Ich wußte, was gemeint war: der Wechsel zum Realgymnasium.

Vier Wochen später, an einem Sonnabend, nach der großen Pause, saß dann plötzlich ein glatzköpfiger, ziemlich verhutzelter älterer Herr in der letzten Bank, neben sich die Aktentasche, vor sich Notizblock und Bleistift. Über den Kneiferrand hinweg musterte er uns. Vieweg sagte: »Studienrat Puchelt möchte wissen, was ihr so alles könnt.« Ein Studienrat in unserer Schule? Ich ahnte, was er in Wirklichkeit vorhatte: mich und die beiden anderen, die für den Übergang ins Realgymnasium vorgesehen waren, überprüfen!

Ich hatte mich nicht getäuscht. Immer wieder rief Vieweg einen von uns dreien auf. Seinen Fragen und Aufgaben war anzumerken, daß er uns nicht blamieren wollte. Heimatkunde war eine Kleinigkeit: Ich wußte, was ein Roland-Denkmal bedeutet und wodurch sich Zugvögel und Standvögel unterscheiden. Das Kopfrechnen klappte so halbwegs. Und vor dem lauten Lesen brauchte ich sowieso keine Angst zu haben. Eine dreiviertel Buchseite spulte ich ohne Patzer und Stocken herunter, bis Vieweg mich unterbrach, damit auch Horst noch zeigen konnte, was er draufhatte.

Kurz vor Ostern war es dann soweit: Aufnahmeprüfung. Es wurde Ernst, blutiger Ernst! Zum Glück brachte Papa mich hin. Schwitzen und Herzklopfen auf der Fahrt in die Stadt und beim Händeschütteln in der prächtigen Eingangshalle des Schulgebäudes, wo wir von einem stämmigen Mann mit Parteiabzeichen begrüßt wurden. Er schlug Papa auf die Schulter: »Es wird schon gutgehen, Herr Kollege!« »Das will ich hoffen, Herr Oberstudiendirektor.«

Donnerwetter, was für ein Titel! Papa drehte sich um und beugte sich vor. »Berthold heißt der«, flüsterte er, »wirst ihn noch kennenlernen.« Was mochte das heißen? Laut fügte er hinzu: »Alles

Gute also! Paß schön auf, laß dich nicht ablenken und trau dir was zu! Ich geh in die Stadt. Um halb zwölf bin ich wieder da, wenn feststeht, wie das Schriftliche ausgefallen ist.«

Das Diktat fand ich nicht schwer. Auch mit der Niederschrift kam ich ganz gut zurecht. Nur bei den Rechenaufgaben war ich mir nicht sicher, ob ich's vollständig gepackt hatte. Um zwölf Uhr wurden alle in die Aula gerufen. Aufgeregt rutschte ich auf der Bank hin und her. Papa beruhigte mich: »Nur keine Hektik. Dort bringt schon jemand die Liste. Gleich wissen wir's.« Berthold las vor: »... und die folgenden Schüler sind auf Grund ihrer guten schriftlichen Leistungen von der mündlichen Prüfung befreit ...«. Ich hörte meinen Namen, atmete tief durch und schlug mir auf die Schenkel. Papa ergriff meine Hand. »Bravo, das verdient Anerkennung«, wisperte er hinter vorgehaltener Hand, »nun wird's doch noch was mit der Uniform!« Ich blickte ihn ungläubig an. »Bestimmt«, sagte er nickend, »versprochen ist versprochen.«

In die Glücksgefühle der nächsten Wochen mischten sich Ärger und Wehmut. Stolz erschien ich mit Braunhemd, Halstuch, Koppel und Schulterriemen zum ersten Jungvolkdienst. Aber als mich der Fähnleinführer vor die Front holte und an meinem Beispiel erläuterte, wie eine korrekte Pimpfenuniform aussehen muß, endete die Vorstellung mit einer eiskalten Dusche. »Alles ist richtig, nur dies nicht«, hörte ich ihn schnarren, »bei den Hosenbeinen darf der Abstand zwischen Kniescheibe und Stoffrand nicht kleiner sein als eine Handbreit. Deine Röhren sind zu lang!« Ich spürte, wie ich rot wurde. Verdammt, das saß. Blamiert bis auf die Knochen. Ich war heilfroh, als ich wieder im Glied stand und nicht mehr die grinsenden Gesichter der Kameraden vor mir hatte.

Schlimmer war aber die Sache mit Paule. Denn er, mein Banknachbar und Freund, blieb auf der Volksschule, obwohl er zu den Besten der Klasse gehörte. Ich mochte ihn: seinen Bürstenschnitt, seine hellbraunen Augen, sein verschmitztes Lächeln. Und ich fand es widerlich, daß manche »taube Nuß« zu ihm sagten, weil er etwas schwerhörig war. Wir trafen uns öfter beim Spielen. Wenn sich's einrichten ließ, bei uns zuhause, weil ich seine grantige, schmuddelige Stiefmutter nicht ausstehen konnte. Wenn ich Geburtstag feierte, durfte Paule nicht fehlen. Am Abend wurde er von seinem Vater abgeholt, einem kleinen, mageren Mann, der immer flotte Sprüche klopfte, aber eigentlich eine Nulpe war. Ein Aufschneider eben. »Es ist zu schade, daß der Paul nicht auch wechselt«, sagte Mutti, »so ein aufgeweckter, kluger Junge. Aber sein Vater fürchtet wohl das Schulgeld.« Papa schüttelte den Kopf. »Das ist es sicherlich nicht. Es gibt ja Freistellen. Schließlich hoffen wir auch darauf. Nein, es ist etwas anderes. Er fühlt sich als Schuster kleiner, unbedeutender als andere Leute. Sein Sohn paßt deshalb nicht aufs Gymnasium, meint er. Er hat einfach keinen Stolz, das ist es! Eine Art Sklavennatur. Und keinen Blick für die Chancen, die mit der höheren Schule verbunden sind. Für einen Jungen jedenfalls, bei dem man's unbedingt versuchen muß.«

Also, dachte ich, wird alles so bleiben, wie es ist. Mein neuer Nachbar in der Schule wird nicht Paule heißen. Gemein. Aber nicht zu ändern. Daß wir uns öfter mal sehen, dafür werde ich sorgen, solange es sich machen läßt.

28

Wir standen im Laden und warteten eine Ewigkeit. Dann drückte Emil zum dritten Mal auf den Knopf, ließ es lange klingeln. Wieder geschah nichts. Von der dicken Beimel keine Spur, und auch der Geselle in der Backstube nebenan ließ sich nicht blicken. Wir wurden unruhig.

»Verdammte Tat«, knurrte Emil, »wo ist die Alte bloß? Ich muß das Zeitungsgeld haben, heute, jetzt. Unbedingt! Spätestens morgen müssen wir's einzahlen.« »Weißt du was«, sagte ich, »sie hat uns gesehen, als wir ankamen und ahnte, was du von ihr willst. Jetzt drückt sie sich, will nicht zahlen, weil sie einfach klamm ist!«

Emil biß sich auf die Lippen. Er tat mir leid. Ich wußte, daß er mit dem Austragen der Zeitung ein Zubrot für die Familie verdiente. Das würde er aufs Spiel setzen, wenn er sich etwas zuschulden kommen ließ. Verflixt noch mal, wie war das zu verhindern?

Wir klingelten nochmals. Wieder ohne Wirkung. Plötzlich packte mich eine blinde Wut. »Wir zahlen's ihr heim!«, fluchte ich. »Aber wie denn?«, flüsterte Emil. In diesem Moment erblickte ich das Kuchenregal. »Mach die Tasche auf!«, rief ich Emil zu, riß ein Blech aus dem Ständer und ließ die Streuselschnecken in den Zeitungsbehälter rutschen. Eilig hasteten wir aus dem Laden und schwirrten ab.

Hinter Hennings Gehöft, im Schutz des undurchdringlichen Brombeergesträuchs, machten wir uns über das Gebäck her. Nach der fünften Schnecke würgte es mich im Hals. Emil aß noch eine mehr, dann hatte auch er genug: »Mehr Süßes vertrag ich nicht.«

»Das Zeitungsgeld von der Beimel müssen deine Eltern zunächst mal auslegen«, sagte ich. »Und dann selber eintreiben«, ergänzte Emil, »ich tu's nicht.« »Und was machst du mit den Schnecken, die wir nicht geschafft haben?« »Unsere Schweine fressen alles«, erklärte Emil. Wir standen auf und gingen nach Hause.

29

Von der Spitze der Kolonne her ertönte ein Kommando: »Kurze Rast – aber Fackeln in der Hand behalten, damit kein Brand entsteht, verstanden!« Ich atmete tief durch und hob den Blick. Welch eine Aussicht: Rechts, ziemlich weit weg, die blinkernden Fenster und Laternen der Stadt; vor mir, unter dem dämmerigen Horizont, das ferne Glitzerband der Stepenitz. Und zum Greifen nahe die Fackeln der Kameraden, die am Rand des steilen Weges hockten und eine flackernde, zuckende Lichtschlange formten. Toll, fantastisch!

Auf der Kuppe des Kronenbergs angekommen, bildeten wir einen weiten Halbkreis vor dem steinernen Kreuz, ließen uns auf der spärlichen Grasnarbe nieder und rammten die Fackeln zwischen unseren Beinen in den Sandboden. Wer es mit dem Fahrtenmesser allein nicht schaffte, dem halfen die Betreuer der Hitlerjugend.

Neben dem Mahnmal loderte ein mächtiges Feuer, das uns schon beim Aufstieg den Weg gewiesen hatte. Glühende Buchen- und Eichenkloben erwärmten die kühle Luft, die brennenden Kiefernäste knackten und knisterten. Hinter den züngelnden Flammen verblaßte der Mond. Das Gemurmel verebbte. Stille. Ich spürte, wie mich ein Gefühl packte: Wir Pimpfe sind eins, gehören zusammen, wollen alle dasselbe. Auch in der Andacht vor dem toten Helden.

Busso Thelen, unser Jungstammführer, stand auf, ergriff den Schaft der Fahne und stieß die Spitze mit Wucht neben sich in den Boden. Er stimmte ein Lied an. Wir sangen mit:

›Nur der Freiheit gehört unser Leben,
laßt die Fahnen dem Wind,
einer stehe dem andern daneben,
aufgeboten wir sind.
Freiheit ist das Feuer,
ist der helle Schein,
so lang sie noch lodert,
ist die Welt nicht klein.«

Dann räusperte er sich und begann seine Feierrede. Sie erinnerte an den tapferen, unbeugsamen Ruhrkampf Leo Schlageters, an seine Festnahme und Erschießung durch die französischen Rheinlandbesatzer im Mai dreiundzwanzig. »Das war heute vor fünfzehn Jahren«, rief Busso Thelen, »deshalb haben wir uns in dieser heiligen Stunde unter dem Schlageterkreuz versammelt ...«

Während er sprach, entstanden vor meinem geistigen Auge bewegte Bilder eines deutschen Heldenlebens: Schlageter als Student, als Kriegsfreiwilliger, als junger, von seiner Truppe geliebter Leutnant; dann, nach dem verlorenen Krieg, sein patriotisches Weiterkämpfen im Freikorps gegen die Bolschewiken und Kommunisten im Baltikum, im Ruhrgebiet, auf dem Annaberg in Oberschlesien und zuletzt die Sprengung der Düsseldorfer Eisenbahnbrücke. Schließlich der Verrat, die grausamen Verhöre, das Urteil, die tödlichen Schüsse in der Golzheimer Heide.

Als die Rede zu Ende war, blieben wir alle regungslos sitzen, schwiegen, starrten vor uns hin. Mir war traurig zumute, ich war ergriffen, zugleich aber auch empört und wütend. Diese verdammten Franzosen – Schweinehunde! Zum Glück waren Rheinland und Ruhrgebiet längst befreit, standen dort, wie überall im Reich, genug Soldaten bereit. Als Rächer, wenn's sein mußte!

Wir sangen noch das Flamme-empor-Lied, dann ging's wieder bergab. Die HJ-Helfer sammelten die Fackeln ein und tauchten sie in einen Wassereimer. Ich mußte nicht mehr nach Hause fahren, sondern schlief bei Oma und Opa. Auf dem Sofa im Wohnzimmer, unter dem alten Bild, das die Frauen von achtzehnhundertdreizehn zeigte, die ihren Schmuck opferten. ›Gold gab ich für Eisen‹, so der Titel. Ehe mir Opa eine gute Nacht wünschte, sagte er noch: »Das Schlageterkreuz haben übrigens die Jungstahlhelmer gebaut. Leider gibt's die nicht mehr.« Das stimmte. Mir fiel ein, daß Papa damals sehr wütend war, als der Stahlhelmbund aufgelöst wurde.

»Komm mit«, sagte Siegfried, »wenn du's nicht glauben willst, kann ich's dir zeigen.« Er zog mich am Arm. Wir warfen die Mappen über und gingen los.

Dann standen wir auf dem Lindenmarkt, vor dem hellgelben Eckhaus. Tatsächlich: Obwohl es gestern schon passiert war, trieb der naßkalte Novemberwind noch immer Bettfedern, Daunen und Papierfetzen vor sich her, und auch die Glasscherben hatte noch niemand aufgefegt. Gaffer standen herum, unterhielten sich.

Siegfried zeigte nach oben. »Du weißt ja, da in der zweiten Etage wohnen wir. Und da drüber ist die Wohnung von der Sternfeld. In der haben sie gehaust, der Werner Zahn mit seinen SS-Leuten. Haben ihr die Möbel zerkloppt, die Scheiben eingeschlagen, die Betten aufgeschnitten. Bloß, weil sie eine Jüdin ist.« Es war ein schrecklicher Anblick. Aus dem linken Fenster hing noch ein zerrissenes, leergeschütteltes Inlett herunter, und hinter dem rechten Fenster, das auch offen stand, blähten sich die Reste der zerfetzten Gardine.

»Mein Vater hat den Zahn angezeigt«, sagte Siegfried, »heute ist er zur Polizei gegangen. Oben, auf dem Treppenflur vor Fräulein Sternfelds Wohnung, steht nämlich ein Schrank von uns. Den haben sie auch aufgebrochen, haben Kleider, Anzüge und – das stell dir vor – einen Uniformmantel kaputtgeschnitten! Das lassen wir uns nicht gefallen. Das müssen sie uns ersetzen.«

Siegfrieds Vater war Major auf dem Flugplatz. Ich hatte ihn einmal gesehen, auf Siegfrieds Geburtstag. Ein großer, schicker Mann mit etlichen Orden. Der würde bestimmt Recht kriegen. »Und wo ist Fräulein Sternfeld?«, fragte ich. Siegfried zuckte mit den Schultern. »Keine Ahnung. In der Wohnung jedenfalls nicht. Da ist alles verwüstet.«

Zuhause erzählte ich, was ich gesehen und gehört hatte. Papa sagte empört: »Wieder so eine Schweinerei! Ebenso fies wie die Geschichte mit Markus Breit.« Ich blickte ihn fragend an. »Ach, das weißt du noch gar nicht? Den haben sie verprügelt, SA-Leute, sollen ihm sogar ein Ohr abgerissen haben. Dann haben sie ihn hinter seinem Garten in den Kanal gestoßen, dicht an der Viehtränke. Fürchterlich.« Er sprang auf, ging ans Fenster, drehte sich um und kam zurück. »Der Mord in Paris ist ein Verbrechen, das geahndet werden muß. Klar. Aber so, auf diese primitive Weise, löst man die Judenfrage jedenfalls nicht.«

Die Judenfrage? Was meinte er damit? Ich hatte Lust, danach zu fragen, aber ich merkte, daß Papa sehr erregt war. (Viel mehr als die Lehrer und der Direx. Die hatten heute bloß drum rum geredet, gefaselt, jeder auf seine Art. Einen Vergeltungsschlag hatte Günther die Verwüstungen genannt.) Deshalb schwieg ich lieber. Vielleicht später, dachte ich. Was wohl in Bernstein passiert war, wo so viele Juden wohnten?

31

Ich schüttelte den Kopf. »Mit Rasierklingen? Nie und nimmer! Komm mit, ich weiß was Besseres.«

Wir gingen los, gemessenen Schrittes und schweigend. Ich voran, Siegfried hinter mir. Wenig später standen wir am Steinhaufen vor Sengers Backhaus. »Dies hier, Sigi, ist unser Ort«, sagte ich leise. Ich suchte mir einen klobigen, löchrigen Feuerstein, hob ihn auf und schleuderte ihn mit Wucht gegen die Feldsteinmauer. Funken stoben, Splitter flogen umher. Ich klaubte ein flaches, messerscharfes Stück auf und zeigte es ihm. »Das ist unser Werkzeug.« Er nickte.

Ich krempelte den linken Hemdsärmel auf, ballte die Finger zur Faust und ritzte mir in einem Zug die Haut des Unterarms auf. Ein Blutstreifen zeichnete sich ab. »Nun du!«, kommandierte ich. Siegfried zögerte. »Na los«, rief ich, »du mußt es selbst machen, sonst ist es nicht gültig!« Endlich faßte er sich ein Herz, nahm die Steinklinge und zog sie über den Arm.

Ich tupfte mit dem Zeigefinger das Blut auf, das sich auf meiner Wunde gebildet hatte, trat auf Siegfried zu und verrieb es auf seiner Stirn. Wortlos, mit starrem Blick, kopierte er alle meine Verrichtungen. Als ich sein Blut auf meiner Stirn spürte, umarmte ich ihn. »Jetzt sind wir Blutsbrüder, auf ewig!«, flüsterte ich. »Auf ewig«, erwiderte er tonlos.

Wir lösten uns voneinander, gaben uns die Hand und wanderten heimwärts. Siegfried blieb plötzlich stehen. »Woher weißt du eigentlich so genau, wie das geht mit der Brüderschaft?« »Sigi, du mußt mehr Indianerbücher lesen«, sagte ich, »da steht's drin. Soll ich dir welche borgen?« »Meinetwegen«, murmelte er, »aber nicht gleich.«

32

Ich kam um die Hofecke und blieb stehen. Nanu, was war denn heute los? – Der Gartentisch, aufgeklappt, stand mitten im Steig, auf der geblümten Decke Kaffeetassen, ein Schreibblock, Bleistifte und Roses großer zerfledderter Schulatlas, aufgeschlagen. Davor Papa, gebückt. Er stützte sich auf den Tisch, fixierte die Karte. Er sah aus wie ein Feldherr, der auf dem Papier seine Schlachten entwirft. Jetzt richtete er sich auf und blickte mich an. »Es ist Krieg. Seid ihr informiert worden?«

Ich nickte. »Klar. Wir haben's in der ersten Stunde von Hörmann erfahren und auch mit ihm besprochen. Waren völlig aus dem Häuschen, haben gejubelt und gesungen. Nachher war noch ein Fahnenappell auf dem Schulhof. Das übliche langweilige Gequatsche von Berthold, das er für feierlich hält. Du weißt schon.«

Ich setzte mich auf den Küchenstuhl, der an der Stirnseite des Tisches in der Sonne stand. Papa blieb stehen und begann zu reden. Über den ungerechten Versailler Vertrag, über den bitteren Verlust deutscher Ostgebiete, über die gepiesackten Volksdeutschen in Polen, über den Bromberger Blutsonntag, über den Überfall auf den Gleiwitzer Sender. »Das alles war nicht mehr hinzunehmen«, rief er, »es mußte zurückgeschlagen werden! Es war allerhöchste Zeit. Die Salven auf die Westerplatte waren ein wunderbarer Salut; in den nächsten Wochen werden sie merken, was die Glock' geschlagen hat, wer in Europa den Ton angibt.« Er beugte sich wieder über den Tisch, studierte die Karte, brummelte vor sich hin. Ich hörte Städtenamen: Posen, Krakau, Warschau, Thorn.

Dann erhob ich mich, ging in die Küche. »Setz dich hin«, sagte Mutti, »ich mach dir schnell die grünen Bohnen warm.« Gut, meinetwegen, dachte ich. Aber hoffentlich schmecken sie nicht so widerlich wie neulich, als sie vom langen Aufheben schon angesäuert waren.

33

Niemand war da, der mich hätte beobachten können. Ich stand vor dem Spiegel, drückte die Schultern nach hinten, wandte den Kopf halb nach links und nach rechts, strich die Haarsträhne aus der Stirn.

Es konnte keinen Zweifel geben: nach allem, was ich vorgestern in der Biologiestunde erfahren hatte, gehörte ich zur nordischen Rasse. Klasse! Ich war nicht westisch oder ostisch und schon gar nicht vorderasiatisch oder negrid. Sondern blond, blauäugig, schlank und hochgewachsen. Wie die Germanen, ob nun Goten, Kimbern und Teutonen oder Langobarden.

Früher hatte ich mich geärgert, wenn Keibel, unser Friseur, meine Haare »strohgelbes Gewirr« nannte und die Kumpels in der Klasse mich manchmal »Schimmel« riefen. Jetzt wußte ich: es war nicht verkehrt, darauf stolz zu sein! Im Buch stand: die nordische Rasse hat die europäische Kultur geschaffen, und sie bringt vor allem Leistungsmenschen hervor. Spielte ich nicht Geige und war mehr fleißig und ehrgeizig als faul und träge?

Wir alle – auch Mutti, Papa, Rose und die Großeltern – waren blauäugig. Gut, manche, wie Rose und Mutti, hatten dunkleres Haar, und Rose sah ein bißchen pummelig aus. Aber sonst – im großen und ganzen stimmte die Richtung. Darauf kam es doch wohl an und nicht auf die winzigen Abweichungen.

Ich ging hinaus, aufrecht, kerzengerade, mit festen, raumgreifenden Schritten. Ein schöner Tag heute, dachte ich.

34

Alpinisten, hatte ich gelesen und im Kino gesehen, liebten den Nanga Parbat, das Matterhorn und die Eiger-Nordwand. Alles sehr weit weg. Mir blieb nur mein Kletterbaum, die riesige Weißbuche in Gerlachs Hinterhof. Aber auch nicht schlecht, fand ich.

Vom brüchigen, schlampig geflickten Scherengitterzaun aus erreichte ich die unteren Zweige, die als Buschwerk den silbrigen Stamm verdeckten, mit beherztem Zupacken nach gewagtem Sprung.

Danach ging es zunächst zügig aufwärts, ohne Schwierigkeiten. Der Abstand der Äste paßte genau zu meinen Körpermaßen. Ich hatte schon Höhe gewonnen; das Dach des Holzschuppens lag tief unter mir, ebenso wie die Ruine des Backhauses. Jetzt kam die zweite, kompliziertere Hürde: eine breite Lücke im Geäst.

Damals, im Frühjahr, hatte ich es von allen Seiten aus versucht, mich vergeblich gestreckt und hilflos nach oben gegriffen. Dann kam mir die Idee, lange Stütznägel einzuschlagen. Aber ich ließ davon ab. Den uralten Baum verletzen? Das kam nicht in Frage. Der Turnunterricht half mir endlich weiter. Ich merkte, wie leicht mir Klimmzüge fielen und daß ich mich außerdem durch einen kräftigen Aufschwung in den Armstütz zu bringen vermochte. Das war die Lösung! Ich ergriff einen horizontal gewachsenen Ast über mir, der mich sicher trug und schwang mich empor in den Sitz. Endlich hatte ich Halt für die Füße beim Weitersteigen gefunden.

Schließlich hockte ich in der letzten, höchsten Astgabel, dicht unterm Himmel. Leicht und rhythmisch mit der Baumkrone schwingend, ließ ich den Blick schweifen: übers Dorf mit seinen klitzekleinen Häusern, Scheunen, Ställen und Schuppen, über die Straßenbänder mit winzigen Menschen und Gespannen, über das bunte Muster der Felder, Wiesen und Plantagen, durch das sich Wege und Gräben schlängelten. Und überall, weit verstreut, die schwarzweißen Tupfen weidender Kühe und die Staubwolken akkernder Bauern. Welch eine Aussicht: traumhaft schön! Und welch ein Gefühl: Ich hatte etwas Großes geschafft, ohne Hilfe, mutig etwas gewagt, durfte also stolz sein!

Wenn ich dort oben saß, fiel mir manchmal Luis Trenker ein, der Gipfelstürmer, wie er mit angewinkelten Armen in ein Alpental hinabblickte. Oder ich dachte an Graf Luckners ›Seeteufel‹, an den Schrei des Matrosen aus dem Mastkorb: »Land in Sicht!« Bisweilen kamen mir Wörter in den Sinn, von denen ich meinte, daß sie zu meinem Fühlen und Denken in schwindelnder Höhe paßten: Weitblick, Wunderwelt, Freiheit – und Verse, die ich aus der Deutschstunde kannte oder in dem Balladenbuch gelesen hatte, das in Papas Bücherschrank stand: ›Sind Blitz und Donner unter mir, so steh' ich hoch im Blauen hier, ich bin der Knab' vom Berge ...‹.

Und Angst, richtige, schlotternde Angst lernte ich kennen. Denn auch das geschah: Plötzliche kalte Windböen fuhren mir in die Hosenbeine und erzeugten ein Frösteln, das über Bauch, Brust und Rücken wanderte und an Armen und Beinen eine Gänsehaut aufgehen ließ. Die Baumkrone schwankte heftig, es knarrte und knisterte in den Ästen, die sich aneinander rieben, und es rauschte in den Zweigen und Blättern, die mir ins Gesicht schlugen. Also hinab, so schnell es ging, auch wenn die klammen Finger abzurutschen drohten.

Dann stand ich auf dem Boden und schaute noch einmal empor, ließ den Blick abwärts gleiten, um die Länge meines Fluchtweges nachzuzeichnen. Auch der Sturm, unter dem der Baum ächzte, gab mir recht: Trotz Herzklopfen, Angst und unguten Rückzugsgefühlen durfte ich mit mir halbwegs zufrieden sein.

35

Der schwarzgebeizte Schreibtisch stand genau in der Mitte zwischen den beiden Fenstern. Mein Heft lag auf dem aufgerauhten Wachstucheinsatz mit seinen eingerissenen Rändern. Im Briefständer mit den brandgemalten Edelweißblüten und Lettern (›Gruß aus Oberstdorf‹) drängten sich Zeitungsausschnitte, Lichtgeldquittungen, Eduscho-Prospekte und zwei Urlaubskarten von Oma und Opa aus Brunshaupten. Die Tintenspuren auf dem schmuddeligen Papier des Löschers formten verschlungene Muster. Der massige Marmorblock mit dem Tintenfaßquader, der hinter Kopierstiften, Federhaltern und Büroklammern thronte, hielt meinen Blick fest.

Ich tauchte ein, um zu schreiben. Papa, der wieder einmal den Lehrer spielte, hatte mir ein kniffliges Aufsatzthema gestellt, trotz meiner astreinen Deutschzensuren. Für ihn galt: »Üben, immer wieder, hat noch keinem geschadet.« Der erste mühselige Satz. Pause. Ein zweiter. Abermals Pause. Es fiel mir verdammt schwer. Ich legte den Halter beiseite und hob den Kopf.

Vor mir, an der Wand überm Schreibtisch, das Hindenburgbild. In Öl. Der große Feldherr im Halbprofil. Sein Pour-le-mérite-Orden stach mit den Spitzen in das Dunkel des Pelzkragens. Von der Innenseite des breiten schwarzen Rahmens hob sich eine feine Goldleiste ab, die den wuchtigen Eindruck des Oberkörpers mit seinem kantigen Kopf abmilderte. Ein schönes Bild, fand ich. Eindrucksvoll. »Ludendorff war das Hirn der Armee und der Schlachten. Aber Hindenburg der entscheidende starke Arm, die harte Hand.« Wie oft hatte Papa das gesagt! Paul von Beneckendorf und Hindenburg

– welch ein Name. Schlacht bei Tannenberg, Masurische Seen, Reichswehr, Händedruck in der Garnisonskirche. Das Grabmal in Ostpreußen, für die Ewigkeit gebaut. Wie die Marienburg, wie die ägyptischen Pyramiden.

Unter dem Bild, an einem Stahlhaken befestigt, kreuzten sich Papas Degenklinge und ihre Scheide. Die silbrigen Metallfäden des Portepees waren schwärzlich angelaufen, die Klinge blinkte nicht mehr, sondern war blind und rostfleckig. Den Schnittpunkt der Waffenteile zierte das Eiserne Kreuz vor dem schwarz-weißen Untergrund der Ordensspange. Papas Auszeichnung aus dem Weltkrieg, als er bei der Artillerie diente und kämpfte – vor Dixmuiden, in den Vogesen, am Hartmannsweiler Kopf. Gebirgsschießen. Mir fiel ein, was Papa oft erzählt hatte:

»Es war gar nicht so einfach, bei den Neununddreißigern Leutnant zu werden – ohne Adelspatent, ohne dicke Penunzen im Hintergrund. Nun gut, ich war diszipliniert und findig, außerdem mathematisch und ballistisch beschlagen, hatte gute Schießresultate. Mit der ersten Salve treffen – das ist mir ein paarmal geglückt! So wurde ich befördert, sogar gegen den Willen eines Stabsmajors. Den blaublütigen Fatzke mit seiner schneidenden Stimme werde ich mein Lebtag nicht vergessen: ›Ihr Herr Vater ist Schneider, sie sind Volksschullehrer ... hm ... Und dann Reserveoffizier bei der Feldartillerie? Irgendwie paßt das alles nicht zusammen.‹ So wortwörtlich. Während einer Nachtinspektion. Aber es hat eben doch gepaßt!«

Und dann Papas Bericht über den angeordneten Feldgottesdienst während des Geschützreinigens. »Er störte, klar, aber was sollte ich tun? Also ließ ich die Batterie in ihren Drillichklamotten antreten. Als dann aber der Pfarrer diese – seiner Ansicht nach ›unschickliche‹ – Montur kritisierte, packte mich die Wut. Ich entließ meine Männer mit den Worten: ›Wenn sie nicht würdig sind, im Drillichzeug das Wort Gottes zu empfangen, dann ist es wohl besser für sie, weiterzuarbeiten. Stillgestanden! Weggetreten! Zurück an die Geschütze!‹ Der Pfarrer, dieser weltfremde Etappenhengst, stand da wie ein begossener Pudel. Herrlich, ha, ha, ha! Er hat mir zwar noch ein Disziplinarverfahren angehängt wegen Befehlsverweigerung, aber ohne Erfolg. Seine kindische Klage wurde abgeschmettert. Merk dir das: Für begründetes Recht muß man kämpfen, muß man den Widerspruch wagen!«

Diesen energischen, forschen Papa – den mochte ich. Aber plötzlich stand mir auch der andere vor Augen. Der neulich, es war kaum zwei Wochen her, Schuld daran war, daß Mutti mit lauten Rufen und wilden Gesten unsere Gänseherde und mich, ihren Hüter, in Gerlachs Hinterhof aufschreckte. Sie hatte sich beim Entenschlachten das Messer ins linke Handgelenk gestoßen. Den Blutstrom versuchte sie mit einem Taschentuch aufzuhalten. Ich sah sofort: die Schlagader war nicht verletzt worden, denn der Strahl pulsierte nicht. Während ich mit meinem Gürtel den Oberarm abschnürte und ihr mit unseren Taschentüchern einen Notverband anlegte, sagte ich ärgerlich: »Mußte das sein, daß du wie eine Verrückte hier angerannt kommst, während Papa dir hätte helfen können?« »Ach Papa«, stöhnte sie, »der kann doch kein Menschenblut sehen, nicht mal sein eigenes. Er hat mich zu dir geschickt. Starr mich nicht so an; es war so!« Ich war sprachlos. Papa, der Soldat und Offizier des Krieges, kapitulierte vor einer blutenden Hand. Mein Gott, was für ein Weichling, was für eine Memme! Wie sollte ich in meinem Kopf den ersten Papa mit dem zweiten zusammenbringen? Ging das überhaupt?

Ich beugte mich wieder übers Heft, schrieb den halben Nachmittag, während vor den Fenstern die Sonne lockte und die Spatzen tschilpten. Ich nahm mir vor, eisern zu bleiben und durchzuhalten, bis der letzte Punkt gesetzt war.

36

Seit Großmutter Bertha bei uns wohnte, war unser halbwegs intaktes Familienhaus aus den Fugen geraten. Ich verstand nicht mehr, was tagtäglich geschah, war verwirrt und hatte oft Wut im Bauch.

Der Anfang war ganz alltäglich verlaufen. Großvater Ernst war gestorben, »gefaßt und friedlich«, wie Mutti sagte, und darum hatte man beschlossen, Großmutter zu uns ins Haus zu nehmen. »Da ist sie nicht so allein«, meinte Papa damals, »und außerdem können wir sie besser betreuen. Sie ist zwar immer noch sehr rüstig, aber das kann sich schnell ändern. Sie ist ja weiß Gott nicht mehr die Jüngste.«

Sie bewohnte das Zimmer neben der Küche. Dort stand nun der Rest ihrer Gerzlower Möbel: der Tisch mit zwei Stühlen, Vertiko und

Kleidertruhe, der Korbsessel am Fenster und der Glasschrank. Hinter dessen Scheiben standen immer noch die buntbemalten Tassen, aus denen schmale Tütchen hervorlugten. Wenn die Schranktür offen war, begann es zuerst nach Zimt, dann nach anderen Gewürzen zu riechen. Über dem Kopfende des Bettes das vergilbte Pappkreuz mit dem Spruch in Goldschrift, daneben der christliche Kalender.

Bald kam es zu kleinlichen Reibereien. Sie wurden heftiger und mündeten schließlich in handfeste Streitigkeiten. Immer wieder ging es um Großmutters Neigung, ihre uralten schwarzen oder grauen Strickstrümpfe, Warpröcke und Kopftücher anzuziehen und zu tragen – hartnäckig, ja geradezu bockig, unbeeindruckt durch Muttis Kritik. Die riß eines Tages Großmutters völlig verwaschene halblange, im Schritt offene Unterziehhose wütend von der Leine und schrie: »Willst du uns mit diesen fürchterlichen Dingern vor dem ganzen Dorf blamieren? Häng sie gefälligst in der Scheune auf, wo sie keiner sieht! Und warum ziehst du eigentlich nicht die Schlüpfer an, die wir dir zu Weihnachten geschenkt haben?« Fassungslos war ich über das, was an einem Sonntagmittag in der Küche geschah. Wir alle saßen am Tisch, aßen und unterhielten uns. Nur Großmutter schwieg und machte ein schrecklich miesepetriges Gesicht. Plötzlich warf Papa sein Besteck auf den Teller und herrschte sie an: »Verdammt noch mal, Mutter, warum bist du so grantig? Spielst die gekränkte Leberwurst, obwohl dir niemand was getan hat. Kannst du mir das erklären?« Sie sagte keinen Ton, stand auf, nahm ihren Teller und schlich in ihre Stube. »So geht das nicht weiter, Paul«, murmelte Mutti nach kurzer Pause, »entweder sie oder wir!«

Was das bedeuten sollte, begriff ich erst viel später. Weil ich gerade auf dem Klo saß und Mutti mit Rose den Hof fegte, wurde ich unbemerkt Zeuge ihres Gesprächs. »Jetzt ist es entschieden«, sagte Mutti, »Doktor Schrantz hat dringend empfohlen, eine Trennung herbeizuführen – wegen Papas Krankheit. Die dauernden Konflikte könnten Anfälle begünstigen.« »Und wo soll sie hin?«, fragte Rose. »Ins Altersheim, wie geplant«, erwiderte Mutti, »der Platz wird in vierzehn Tagen frei.« Ich erschrak und fragte mich: muß das wirklich sein? Gab es keinen anderen Weg zu einer irgendwie gütlichen Einigung?

In den nächsten Wochen und Monaten, wenn ich zufällig auf der Wiese oder im Garten stand, konnte es sein, daß ich Großmutter auf der Dorfstraße kommen oder gehen sah. Hastig, ohne zur Seite zu blicken, lief sie vorüber. Wir wußten: Sie ging manchmal zu Sengers, um sich dort nützlich zu machen – am Morgen hin und abends zurück ins Heim. Unser Haus ließ sie links liegen. Das tat mir weh, obwohl ich ihr nicht sehr zugeneigt war. Ich war manchmal drauf und dran hinüberzugehen, ihr guten Tag zu sagen, mich zu erkundigen, wie es ihr ging. Aber ich traute mich nicht. Würde sie mich vielleicht abweisen? Und wenn Mutti oder Vati es mitkriegen würden – was dann? Und immer erneut: Wer hatte eigentlich Schuld daran, daß es zu dieser Katastrophe gekommen war? Großmutter allein?

Fragen über Fragen. Ich fand keine Antworten. Und wünschte sie mir auch nicht von anderen, von Rose, Mutti oder Papa. Es war mir zweifelhaft, ob die imstande waren, ehrlich zu sein – zu sich und zu mir.

37

Seit Tagen schon, und heute wieder, saß Minka am Grabenrand unter der Friedenseiche und erwartete mich, lief dickbäuchig, schwerfällig das letzte Stück Wegs neben dem Vorderrad her, bis ich abstieg. Dann schmiegte sie sich an meine Beine, äugte zu mir auf, während ich das Fahrrad in die Scheune schob und die Mappe vom Gepäckträger löste.

Sie ging auf die Leiter zu, kletterte vier, fünf Sprossen empor und blickte mich wieder an, laut mauzend. Es half nichts, ich mußte ihr folgen. Oben im Heu führte sie mich zu ihrem Nest, kuschelte sich in die Mulde hinein. Ich streichelte sie mit der rechten Hand, und sie schleckte gierig die linke ab, Finger um Finger. Ihr Fell knisterte unter meinen Nägeln, Funken versprühten im Halbdunkel. Sie schnurrte behaglich, rekelte sich, rieb die geschlossenen Zahnreihen an meiner Handkante.

Ich beugte mich zu ihr hinab. »Ja doch, fein, lieb. Hier willst du jungen, ich weiß schon. Kann aber jetzt nicht bleiben. Nein. Hab Hunger, muß was essen. Wirklich, Minka.« Als ich mich aufrichtete, begann sie wieder kläglich zu miauen. Ehe ich die Leiter erreichte, war sie neben mir, drückte ihre Flanken gegen meine Wade. Nein, ich konnte sie nicht allein lassen. Das ernste Spiel begann von neuem. Ich streichelte ihren Rücken, ihren geschwollenen Bauch, sie leckte meine Hände …

Am nächsten Morgen, als ich das Rad aus der Scheune schieben wollte, blitzten mich ihre grünen Augenschlitze vom Heuboden herab an. Ein langgezogenes Miauen, jetzt aber jubelnd, jauchzend! Ich lief zur Leiter, nahm zwei Sprossen auf einmal. Minka kam mir entgegen. Im Nest zählte ich sechs nackte, warme Kätzchen. Sie atmeten stoßweise, zuckten im Schlaf. Minka trat vorsichtig in die Mulde hinein, schloß im Hinlegen einen Kreis um ihre Jungen. Ich kraulte sie hinter den Ohren. Sie begann zu schnurren, preßte ihren Kopf gegen meine Hand. »Jetzt wollen sie saugen! Ja, richtig, streck die Beine weg, damit sie an die Zitzen kommen. Gut so, schön so!«

Es war klar: bis acht würde ich es nicht mehr schaffen. Auch wenn ich schnell fuhr, war die Verspätung nicht zu vermeiden. Es war mir egal. Daß ich das Opfer einer Panne geworden war, hatte mir bisher jeder Pauker abgenommen. Dies hier, wie Minka mich teilnehmen ließ an ihrem großen Ereignis, das gab's nicht jeden Tag, das mußte ich auskosten!

Mittags, als ich nach Hause kam, war Mutti in heller Aufregung. »Stell dir vor, Minka hat geworfen. Und mir alle ihre Jungen vorgeführt, eins nach dem andern! Als ich dein Bett gemacht habe, bei offenem Fenster, sprang sie ins Zimmer. Hat sie vorsichtig mit den Zähnen gehalten, hingelegt, weggetragen, das nächste geholt. Ist das nicht wunderbar?«

»Und mir«, sagte ich triumphierend, »hat sie Tage zuvor schon ihr Wurflager gezeigt. Und heute morgen war ich der erste, den sie zu ihren Jungen führte! Ehrlich, es war so.« Es war mir wichtig zu betonen, daß ich für Minka die Nummer eins der Familie war. Wie damals, vor zwei Jahren, als sie heimlich in meinem Bett gejungt hatte.

Erst spät am Abend, ich lag im Bett und döste vor mich hin, fiel mir plötzlich ein, daß in den nächsten Tagen eine grausame Verpflichtung auf mich zukam. Denn bei uns hatte sich eine Arbeitsteilung des Tötens herausgebildet: Mutti schlachtete Gänse und Enten, Papa war zuständig für Kaninchen und Hühner, und seit kurzem war ich der Henker aller Kätzchen. Nur Rose blieb verschont. Ich würde also, das war sicher, Minka zum Fressen in die Küche locken, die Jungen aus ihrem Lager holen und sie hinter dem Stall der Reihe nach mit aller Kraft gegen die Wand schleudern. Und dann würde ich die zerschmetterten, reglosen Körper vergraben. Alle sechs oder vielleicht auch nur fünf, falls eins überleben durfte. Das hatte ich nicht zu entscheiden.

Verrat an Minka? Gewiß. Aber nicht zu umgehen. »Haustierschicksal«, so nannte es Papa. Ich dachte an Theodor Storms Katzenballade, drehte mich zur Wand und schlief endlich ein.

Tode ohne Ende

38

Moritz lag auf der Seite, mit eingedrücktem Brustkorb, spreizte die zuckenden Hinterläufe ab, starrte mich an. Aus dem halbgeöffneten Fang, unter den Lefzen hervorquillend, sickerte ein dicker Blutstrom auf die Pflastersteine. Er röchelte, seine Schlappohren zitterten, die Vorderläufe griffen ins Leere.

Noch immer sein flehender Blick, dem ich nicht ausweichen konnte. Mir wurde klar: hier war nichts mehr zu retten, nur noch zu beenden. Ich richtete mich auf, packte seine Hinterläufe, hob ihn auf und überquerte den Sommerweg. Am Grabenrand blieb ich stehen, trat einen Schritt zurück, holte zum Schwung aus und schloß die Augen. Mit voller Wucht zerschmetterte ich seinen Kopf am Stamm der Eiche.

Jetzt erst, als sein lebloser Körper vor mir lag und ausblutete, heulte ich los. Wut packte mich, auf den rücksichtslosen Raser, auf mich und meine Unvernunft. Konnte er nicht bremsen und ausweichen, der verdammte Muschkote? Er mußte ihn doch gesehen haben! Und als es passiert war, wieso hielt er nicht an? Warum hat der Offizier, der neben ihm saß, das zugelassen? Und ich Dämlack, ich hatte alles verkehrt gemacht. Ich hätte im Dorf bleiben müssen. Die Chaussee entlang, Richtung Stadt – das war der reinste Blödsinn. Dort mußte ich doch mit dem Autoverkehr rechnen. Und ihn dann noch abzuleinen, ihn freizugeben und – was das Allerschlimmste war – ihn zurückzupfeifen, als ich die Karre kommen sah ...!

Ich wickelte den zermalmten Kopf in mein Taschentuch und verbarg den Körper unter der Jacke. Es gab keinen Ausweg. Ich mußte zurück, nach Hause, mußte Farbe bekennen. Ich stellte mir die Gesichter vor: verzerrt, mit riesigen Augen und offenen Mündern, die schimpften und schrien. Wieder begann ich zu weinen, jetzt aus Angst vor dem, was auf mich zukam.

Wider Erwarten lief alles sehr glimpflich ab. Natürlich waren sie bestürzt und traurig, machten mir Vorwürfe und kritisierten meinen Leichtsinn. Aber schließlich nahm Mutti mich in den Arm und tupfte mir die Tränen ab. Papa sagte: »Hättest vorsichtiger sein müssen, klar. Moritz war eben noch zu jung, zu unerfahren. Aber was soll's. Förster Link wird uns aus dem nächsten Wurf wieder einen Welpen verkaufen. Und du wirst wieder zum Bahnhof fahren, wenn Horst ihn dir aus dem Zugfenster zureicht. Vielleicht sollten wir auch ihn Moritz nennen, meinst du nicht? Oder könnte das Unglück bringen? – Egal. Und jetzt hör auf zu flennen. Wir sind im Krieg, da gibt es ernsthaftere Todesfälle. Geh hin und grab ihn ein. Das nimmt dir diesmal keiner ab. Unterm Holunderbusch, wie immer. Nimm die Taschenlampe mit, es ist schon dunkel geworden.«

39

Ich ließ das Koppelschloß einrasten und hakte den Schulterriemen an der Schlaufe fest. Dann schlang ich das gefaltete Halstuch um den Braunhemdkragen, zog den Lederknoten hoch und prüfte mit den Fingerkuppen, ob die Spitze des Tuchdreiecks korrekt auf die Mitte zwischen den Schulterblättern zeigte. Ein letzter Blick in den Spiegel, noch einmal mit dem Kamm durch die kurzen Haare. Jetzt war alles in Ordnung.

Ich schob das Rad aus der Scheune, schwang mich in den Sattel und warf die Hoftür im Hinausfahren hinter mir zu. An der Friedenseiche vorbei, die Linkskurve um den Dorfteich, endlich draußen auf der Chaussee. Den steilen Berg hinauf im Stehen, dann die lange Gerade, wo ich trat, was das Zeug hielt. Eine leichte Rechtskurve, danach eine sanfte Steigung. Die ersten Häuser der Stadt waren in Sicht. Ich bog nach rechts ab, hinein in die Gartenstraße. Das Rad stellte ich bei Kieses im Kellergang ab. (Nach dem Dienst, ehe ich heimfuhr, würde Tante Lene mir die große Tasse Kakao hinstellen, und ich würde Pussy, die alte Angorakatze, streicheln müssen, obwohl sie scheußlich haarte.)

Schräg gegenüber wohnte Detlev, mein Fähnleinführer. Ich drückte auf den Klingelknopf. Schlurfen im Flur, der Schlüssel wurde herumgedreht. Wie üblich öffnete sein Vater, lugte mißtrauisch durch den Türspalt. »Heil Hitler, Herr Minge.« »Ach, du bist es. Heil Hitler, mein Junge.« Er trat einen Schritt vor. »Detlev kommt gleich, er ist schon fertig. Komm doch rein.« »Ach nein«, sagte ich, »das lohnt nicht.« Ich mochte den kritischen Blick und das säuerliche Lächeln des Alten nicht. Er drehte sich wortlos um und ließ mich stehen.

»Da bin ich schon!« Detlev stand vor mir und gab mir die Hand. Wir machten uns auf den Weg zum Stellplatz: die Straße hinunter, am Wasser entlang zur Viehtränke. Er ging rechts neben mir. Verstohlen warf ich ab und zu einen Blick seitwärts, dorthin, wo sich seine grünweiße Führerschnur bei jedem Schritt vom Braunhemd abstieß und wieder zurückfiel.

Detlev war ein Pfundskerl. Klassenprimus der Siebenten. Und einer der besten Schwimmer unserer Schule. Auch als Boxer war er gefürchtet. Der kräftige, drahtige Bursche konnte fast alles, nicht bloß im Sport. Und er war kein Streber, beileibe nicht! Ehrgeizig ja, aber immer auch für allerhand Streiche zu haben, wenn's darum ging, die Pauker zu ärgern. Und kameradschaftlich! Ließ es sich auch gefallen, wenn wir Jüngeren irgendwas kritisierten. Daß ich ihn so einfach abholen durfte vor dem Dienst, das fand ich prima.

»Was machen wir heute?«, fragte ich. »Wenn das Wetter so bleibt, raus zum Exer. Sportspiele. Vielleicht auch Tarnen üben.« »Reiterkampf auch?« »Kann sein. Mal sehen.« Reiterkampf mochte ich, nicht als Pferd, aber auf den Schultern eines starken Untermanns hocken, den man dirigierte, um in die richtige Angriffsposition zu kommen, von der Seite her oder schräg von hinten. Das war knorke.

An der Viehtränke Gewimmel, Gerenne, Geschrei der Pimpfe. Wie ein aufgescheuchter Bienenschwarm. Dann pfiffen die Fähnleinführer. Beide Formationen, jede mit drei Jungzügen, traten an. Den Übereifrigen vom Fanfarenzug wurde das Anblasen untersagt. »Durchzählen!« – Ich schrieb die Fehlenden auf, schob das Notizbuch in die Brusttasche zurück und wartete auf Detlevs nächstes Kommando. »Unterführer zu mir!« Ich rannte los und ordnete mich in den Halbkreis ein. Wir preßten die Hände an die Hosennaht und winkelten die Füße an. Detlev winkte ab: »Schon gut, schon gut, rührt euch! Strammstehen ist hier nicht gefragt.« Er erläuterte den Dienstplan, den ich schon kannte. Ich war glücklich, in diesem Augenblick vor ihm zu stehen. Mit der rotweißen Schnur. Jungenschaftsführer, mehr nicht. Aber ich war ja auch noch nicht so alt wie Detlev.

Kurz nach dem Abmarsch mußte ich, der Vorsänger, ein Lied anstimmen, in das schließlich alle einfielen. Die Spaziergänger im Stadtpark blieben stehen, traten beiseite und nickten uns freundlich zu. Ich hatte ein Soldatenlied ausgewählt:

»Lasset im Winde die Fahnen wehn,
ihr lieben Kameraden,
alle müssen zur Fahne stehn,
wenn wir zu Felde traben …«

Es wurde nichts aus den Sportspielen, dem Reiterkampf, dem Üben des Tarnens. Soldaten hatten den Exerzierplatz wegen einer Militärübung abgesperrt. Dann fing es an zu nieseln, schließlich zu gießen, und der Dienst wurde abgebrochen. Tante Lene trocknete mir die Haare, frottierte meinen Rücken und schwatzte mir Hemd und Jacke von Onkel Ernst auf. »Ist doch egal, ob sie richtig passen«, sagte sie, »es merkt ja keiner, wenn du auf dem Rad sitzt. Hauptsache, du bist halbwegs trocken angezogen.«

Es regnete weiter in Strömen. Klatschnaß kam ich zuhause an, wusch mich, wechselte die Kleidung und setzte mich an den Abendbrottisch. Ein versauter Nachmittag, dachte ich, und doch, trotz allem, irgendwie auch schön. »Man muß, wenn Dienst angesagt ist, jedes Wetter vertragen können«, sagte Papa. Und fügte hinzu: »Vergiß nicht, daß die Geige auf dich wartet!«

40

Ich war Papa um den Hals gefallen, sprachlos, mit feuchten Augen. Denn er war es, der ihn gekauft hatte, das wußte ich, und die drei Schachteln Munition dazu. Bei Büchsenmacher Wolters in der Buhnenstraße. Mutti hatte ich mit einem knappen »Dankeschön« für den Pullover abgespeist; sie drehte sich weg, enttäuscht, gekränkt. Ich konnte es nicht ändern. Diesmal hatte Papa mit seinem Geschenk gesiegt, eindeutig.

Ein Trommelrevolver. Mit durchbohrtem Lauf! Natürlich nur für Platzpatronen, aber was machte das schon. Wenn ich im Dunkeln schoß, stach das Mündungsfeuer nach vorn, von mir weg, in die Schwärze hinein. Wie's sein mußte. Und wenn ich einen passenden Nagel in den Lauf schob und abdrückte, durchschlug das Geschoß aus gut zwei Metern Entfernung die ganze Zeitung. Sechs Seiten!

Ich trug ihn oft im selbstgenähten Lederhalfter, der am Gürtel hing. Der Griff blieb frei. Ich konnte davon flitzen, den Gartenweg entlang, konnte über den Graben springen – und verlor ihn trotzdem nicht. Und ich konnte ihn ziehen, blitzschnell, und aus der Hüfte schießen. Wie Billy Jenkins und andere kaltblütige Wildwest-Ranger und -Sheriffs. Ein richtiger Colt war's zwar nicht, aber dafür paßte er zur Not auch in die Hosentasche. Dann sah ihn keiner. In der Schule zum Beispiel.

Gab es einen Ernstfall, zum Ausprobieren? – Mir fielen die Frösche ein. Die ganze Nacht hindurch hatten sie gequakt. Ich suchte den Graben ab, vergeblich. Sie wußten wohl, wer sie erwartet. Nein, dieser hier nicht. Er saß da, halb im Wasser, und starrte mich an.

»Bleib schön sitzen, du Luder!« Zwei Schritte nach rechts, und ich war hinter ihm, hockte mich hin und spannte den Hahn. Lichtreflexe spielten auf seinem feuchten Rücken, die Flanken des Körpers dehnten sich, zogen sich zusammen, dehnten sich wieder. Als die Laufmündung ungefähr zwei Finger breit vom Ziel entfernt war, drückte ich ab. Ein trockner Knall. Der Frosch richtete sich steil auf, stand kurz auf den Hinterbeinen, knickte ein, fiel auf den Boden. Zuckte einmal, zweimal, streckte die steifen Beine weit von sich. Dann rührte er sich nicht mehr. Es roch nach Pulverdampf.

Ich drehte ihn auf den Bauch. Dicht unter dem Hinterkopf war die Haut geschwärzt. Ein schleimig-blutiges Loch, mit zerfetztem Wundrand. Nochmals ein Zucken. Als ich ihn mit einem Strohhalm piekte, reagierte er nicht mehr. Fangschuß überflüssig. Mit der Fußspitze schnippte ich ihn ins brackige Wasser.

Wenn jetzt die vom Oberdorf noch einmal versuchen würden, das Alte Haus zu stürmen, hätten wir nicht bloß den ätzenden Kunstdünger für ihre Augen und die Knallkorken für ihr Gesicht, sondern auch meinen Revolver. Da würde Alfred sich hüten, mit der Kette auszuholen. Er wüßte, daß er vielleicht mehr einstecken muß als damals, nach Achims Schuß, als er mit schwarzer Stirn und verbrannten Wimpern davonkam. Wenn ich den Lauf mit Schrotkugeln gefüllt hätte, würde er sich wundern!

Papa und ich, wir waren jetzt beide bewaffnet. Er hatte seine Walther siebenfünfundsechzig aus dem Krieg, die Dienstpistole, und ich hatte meinen Trommelrevolver. Wenn ich älter war – wer weiß. Die Walther lag im Kleiderschrank, unter den Handtüchern. Das Versteck kannte ich schon lange.

41

Ich war noch nicht dran, leider. Mein Herz hämmerte, aufgeregt rutschte ich hin und her, strich mit den Fingerspitzen über die Saiten. Dann begann ich zuzuhören, um mich abzulenken. Obwohl ich's ganz genau kannte, dieses Adagio aus Webers f-Moll-Konzert, rührte es mich auch diesmal wieder auf ganz eigene Weise. Drückte es Versonnenheit aus? Oder Sehnsucht? Oder Klage? Ich staunte über die beiden Spieler: Wolfgangs Anschlag war heute weich wie Butter, besonders in den tiefen Bereichen und Klaus' Klarinette näselte überhaupt nicht, sondern formte einen wunderbar singenden oder schluchzenden Ton. Gewiß: Ein großes Orchester im Hintergrund wäre schöner als diese Ersatzbegleitung am Klavier. Dennoch, ein ganz prächtiger Auftritt!

Es folgte die Rede von Direx Berthold. Wie immer gestanzt, ohne Gemüt und Seele. Und das, obwohl es gerade hier angebracht war, Herzlichkeit und Wärme auszudrücken. Denn in der ersten Bank der Aula saßen die Absolventen unserer Schule, frischgebackene Abiturienten, in dunklen Anzügen mit Schlips, ernst, würdevoll und gespannt. Sie sollten feierlich verabschiedet werden. Übermorgen oder in einer Woche oder in einem Monat würden sie gewiß im Zug sitzen, die Heimat im Rücken, vor sich Kaserne, Drill und Schießstand, irgendwann die Front. Und was predigte Berthold? »Seid euch eurer Verpflichtungen bewußt, wenn ihr das Waffenhandwerk erlernt, wenn ihr hernach beweist, daß und wofür – nämlich für unser großdeutsches Reich! – ihr eure Gesellen- oder Meisterprüfung macht! Seid treu, tapfer, tatendurstig und macht uns keine Schande!« Schrecklich, diese Formeln, schrecklich die Blumengaben danach, schrecklich auch die kurze, holprige Dankes- und Gelöbnisrede von Kalle Berglund mit ähnlich steifen Redensarten.

Ich fuhr in die Höhe. Studienrat Giese hatte schon am Flügel Platz genommen und gab mir ein Zeichen. Ich stieg aufs Podest und stimmte noch einmal die Geige – aufgeregt, mit zitternden Armen und Fingern. Dann streckte ich mich, setzte den Bogen auf und begann zu spielen. Glucks ›Reigen seliger Geister‹, wie das Programm es vorsah. Viel mehr als eine brave Pflichtübung gelang mir nicht. Ich gab mir nur Mühe, keine Fehler zu machen und war froh, als ich es hinter mir hatte. Die Klassenkameraden feixten. Giese lächelte mich an und nickte; er schien zufrieden zu sein. Der Beifall war dünn. Ich verbeugte mich kurz und ging zurück auf meinen Platz. Alle erhoben sich und strebten schweigend der Flügeltür zu.

Draußen sah ich, wie Kalle sich plötzlich umdrehte. Dann stand er vor mir. »Schönen Dank für das Abschiedsständchen! Hat uns echt gefreut, das Ganze, und also auch dein Vortrag!« Er schüttelte mir die Hand mit derbem Zugriff, so daß meine Fingergelenke knackten. »War doch klar, daß wir für euch spielen«, erwiderte ich, »und natürlich wünsche ich ...«. Der Satz blieb unbeendet, denn Kalle war schon auf dem Weg zur Treppe und außer Hörweite. Ein toller Kerl, dachte ich, kann zwar nicht reden, aber dafür was anderes. Denn ich wußte: Im vergangenen Jahr war er in Nürnberg Reichssieger im Keulenweitwurf geworden. Zweiundachtzig Meter! Sagenhaft. Würde ich niemals schaffen, nie im Leben.

42

Die zweite Februarwoche begann mit ungewöhnlichen Plusgraden. Also Tauwetter und das hieß: Schneeballschlachten, Waten durch den Matsch, nasse Füße. Und Schollenfahren auf dem Dorfpool, nachmittags, gemeinsam mit Achim und Otto. Gegen Abend, als es schon schummrig wurde, kamen andere Jungens dazu; sogar Lehrlinge und Knechte sprangen auf die weichen, mürben Eisplatten und stakten los. Bald wurde es eng und drängelig. »Weg da!«, schrien die Großen, rempelten uns Jüngere an und schubsten uns von der Scholle. Enttäuscht ging ich nach Hause. Plötzlich fiel mir ein: Das Eis auf der Stepenitz mußte doch auch angetaut und deshalb brüchig sein! – Jetzt wußte ich, was zu tun war. Übermorgen, am Sonntag, war genug Zeit.

Das Beil wickelte ich in die Sackschürze und klemmte es unter den Bügel des Gepäckständers. Ich stieg auf. Los ging's, Richtung Wald, am Exerzierplatz vorbei, dann auf dem schmalen Feldweg, der nach links ins Stepenitztal führte. Es fuhr sich gut. Der Schnee war weggetaut, der feste Boden des Steigs ließ ein zügiges Tempo zu.

In der Schonung von Schmiels Tannen machte ich Halt und packte das Beil aus. Zum Glück war mir unterwegs noch rechtzeitig eingefallen, daß ich eine lange, stabile Stange brauchte, um die Scholle bewegen und lenken zu können. Ich suchte mir ein passendes Kiefernbäumchen aus, schlug es ab, entästete es und verkürzte es auf die Länge einer handlichen Stake.

Vor Förster Meyers Jagdhütte, die auf dem kleinen Hügel des Tals oberhalb der großen Flußbiegung stand, stieg ich ab und lehnte das Rad an den Staketenzaun. Dann machte ich mich auf den Weg zum Flußufer. Im Schilf lag noch angefrorener Schnee, der unter meinen Gummistiefeln einbrach. An beiden Seiten des Flußbettes stauten sich kompakte Eisschollen, unter deren eingerissenen Rändern breite Bäche hervorschossen, die sich in der Mitte des Flusses zu einem gurgelnden, schäumenden Strom vereinigten. Das, so vermutete ich, war ein Zeichen dafür, daß schon viel Eis weggetaut war.

Ich machte mich an die Arbeit. Zunächst suchte ich mir eine ufernahe Platte, die zum Fluß hin bereits von unten ausgehöhlt war. Im flachen Wasser oder oben auf der Platte stehend, schlug ich eine Rinne ins Eis, um den Umriß der Scholle zu markieren. Stück um Stück vertiefte ich diese Rinne. Ein breiter Spalt entstand, der hier und da Wasser aufsteigen ließ, wenn ich mich bewegte. Wenig später war's geschafft: Mein pausenloses Ruckeln, Hebeln und Drehen, mit Hilfe von Beil und Stake, löste die Scholle von der Eisplatte, und ich stand drauf, konnte mich auf dem schwankenden Gebilde bücken, aufrichten oder umwenden, während ich es in die Flußmitte bugsierte. Welch ein herrliches Gefühl: Ich schwebte dahin, mein Gefährt gewann Tempo, es gehorchte mir!

Plötzlich ein scharfer Ruck. Ich strauchelte, schlug hin, klammerte mich an die Stake. Wir saßen fest. Eine Sandbank? Was sonst. Langsam drehte sich die Scholle um ihre Achse, wie und wo immer ich auch die Stange gegen ihre Kanten stemmte. Also mußte sich die Mitte ihres Kiels in den Grund gebohrt haben. Verdammt – was jetzt tun?

Langsam wurde mir klar, was mich erwartete. Ich mußte mich ausziehen, die Klamotten irgendwie am Kopf befestigen, ans Ufer schwimmen oder waten. Ich prüfte die Wassertiefe und atmete auf. Nur bis zur Brust würde ich naß werden, jedenfalls am Anfang, wenn ich hineinstieg. Danach – wer weiß. Ich zog die Gummistiefel aus und warf sie nacheinander ans Ufer. Beide landeten im Schilf, wie beabsichtigt. So weit, so gut. Was jetzt kam, war schwieriger. Noch nie mußte ich in so kaltem Wasser baden. Egal, runter mit den Sachen! Langsam ließ ich mich in die Tiefe gleiten. Mir blieb die Luft weg, es biß und kniff in den Waden, im Rücken, unter dem Arm. Mit der Stake tastete ich den Grund ab, mit der linken Hand hielt ich die Kleider fest, die ich um Kopf und Hals geschlungen hatte. Zum Glück fand ich ohne Mühe eine Furt, die mir das Schwimmen ersparte.

In der Uferkoppel, auf einem grasbewachsenen Maulwurfshügel, packte mich der Wind. Kälteschauer ließen mich bibbern und zittern. Ich spulte ein Gymnastikprogramm ab: Dauerlauf auf der Stelle, Beugen und Drehen des Rumpfes, Armkreisen, Reiben von Brust, Bauch und Schenkeln. Ich ließ den Blick schweifen. Gab es irgendwo Zuschauer? Nein, niemand war auszumachen. Weiter mit der Gymnastik. Mit Erfolg! Denn Wärme stellte sich ein. In den Fußsohlen beginnend, stieg sie im Körper empor, bis sie auch im Gesicht ein wohliges Gefühl erzeugte. Ich rekelte mich, streckte die Arme zur Seite und schüttelte die letzten Wassertropfen von der Schulter.

Die Sonne stand schon tief. Hastig zog ich mich an, erklomm den Hügel, verstaute das Beil wieder auf dem Gepäckständer und stieg auf. Welch eine Frische im Kopf, und wie klar erschien alles, was ich sah! Ich ging aus dem Sattel, beugte mich über den Lenker und trat in die Pedalen wie ein Rennfahrer. War ich jemals so schnell gefahren – vom Stepenitztal bis nach Hause?

Niemand hatte mich vermißt. Ich saß in meinem Zimmer, blickte aus dem Fenster und überdachte noch einmal das Erlebte. Erst in diesem Moment wurde mir klar, wie riskant das Unternehmen gewesen war. Hättest dir jemand mitnehmen müssen, dachte ich. Und gleich danach: Dann wär's vielleicht noch heikler geworden. Jeder hätte der Schneidigste, Tollkühnste sein wollen, ganz bestimmt! – Mutti klopfte an die Tür. »Komm Abendbrot essen!« Ich stand auf, hungrig auf Schmalz- und Schinkenstullen.

43

Das Jahr einundvierzig, in dem der Krieg mit den Russen begann, bescherte mir Pannen ohne Ende: Ärger mit den Lehrern, eine Zensurenpleite und erfolglose Schindereien beim Wurftraining. Und trotzdem war es ein wunderbares Jahr! Sonntag für Sonntag ließ ich mir über eine Sendefolge des Deutschlandsenders den dornigen Lebensweg Mozarts nachzeichnen. Denn man gedachte seines Todes vor hundertfünfzig Jahren – im Rundfunk, in den Zeitungen, in den Buchläden. Die Auftritte des Wunderkindes, der Rausschmiß beim Erzbischof, Niederlagen und Siege in der Oper und im Konzertsaal, der viel zu frühe Tod, ein riesenhaftes Werk – welch ein Mensch, welch ein Schaffen! Ich war erregt, verstört, betäubt, schwankte zwischen Andacht und Empörung, Zorn und Begeisterung, Freude und Schmerz.

Zu Weihnachten dann die Krönung des Ganzen. Auf dem Gabentisch lag ein Buch, das ich Wochen zuvor im Schaufenster gesehen und mir sehnlichst gewünscht hatte. Dunkelrotes Leinen, darauf in Goldschrift MOZART. Der Name nochmals auf dem Titelblatt, darunter »Sendung und Schicksal eines deutschen Künstlers«. Der Verfasser hieß Komorzynski. Rose hatte eine Widmung hineingeschrieben: »Meinem Brüderlein zum Weihnachtsfest 1941!« Ich umarmte sie und drückte ihr einen Kuß auf die Wange, der ganz ernst gemeint war. Denn das Buch war mein schönstes Geschenk.

Zunächst wurde mir eine schwere, anstrengende Lektüre zugemutet, auch wenn der Verfasser sich redlich bemüht hatte, verständlich zu schreiben, um Mozart, wie es im Vorwort hieß, »allen, die Freunde der Kunst sind, menschlich näherzubringen«. Ich kam dahinter, daß die Wiener Theatergeschichte ein Spezialgebiet Komorzynskis war und er darum die Opern und die mit ihnen verbundenen Akteure ausführlicher behandelte als die Sinfonien, Konzerte, Sonaten. Das fand ich schade. Denn wo hätte ich eine Opernaufführung besuchen sollen? In Schwerin oder Berlin? Das waren sinnlose, überflüssige Träume. Zu weit weg – und zu teuer.

Am Silvesternachmittag lag ich auf dem Bett und stieß beim Lesen auf zwei Kapitel, die mich in die Wiener Schauspieler- und Sängerfamilie Gottlieb versetzten. Die Darstellung konzentrierte sich auf ein junges Mädchen, Anna Gottlieb. Sie hatte sich sehr früh schon als stimmlich hochbegabt erwiesen, so daß Mozart sie für die kleine Rolle der Barbarina im ›Figaro‹ vorsah, die sie bei der Uraufführung als Zwölfjährige erfolgreich verkörperte. Fünf Jahre später, nunmehr musikalisch und dramatisch gereift, war sie die gefeierte erste Pamina in der ›Zauberflöte‹, der Mozart als Dank einen Fächer schenkte.

Aber nicht diese Karriere faszinierte mich, sondern etwas ganz anderes. Der Buchtext offenbarte mir die Tragödie ihres jähen Absturzes aus einem vorgezeichneten Höhenflug. Ich erfuhr, daß sie nach Mozarts Tod nicht mehr singen konnte, das Freihaustheater verließ und an einer anderen Bühne Sprechrollen übernahm. Heiratsanträge, die ihr gemacht wurden, wies sie ab. Schließlich wurde ihr gekündigt. Mittellos stand sie auf der Straße, fristete danach ein ärmliches Dasein. Als in Salzburg ein Mozartdenkmal enthüllt werden sollte, bemühten sich Freunde um Geldspenden, damit sie an diesem Ereignis teilnehmen konnte. Vergeblich.

Und nun las ich, aufgewühlt und betroffen, die folgenden Sätze: »Freudlos und leer schleppte sich das Leben der Greisin hin, Jahr um Jahr ... Sie wurde krank und fühlte ihr nahes Ende. In der Nacht des 4. Februar 1856 ist sie, fast zweiundachtzigjährig, gestorben. Als Laroche kam, um für das Begräbnis zu sorgen, hielt sie in den erstarrten Händen Mozarts Fächer ...«

Ich legte das Buch aus der Hand, setzte mich auf, starrte auf den verschneiten Garten und weinte lautlos vor mich hin. (Wie damals, als ich ›Lederstrumpf‹ verschlang und mich Uncas' Tod jeglicher Fassung beraubte.) Ich sah sie vor mir, die Anna: als junges Mädchen, braunhaarig, schwarzäugig, das die g-Moll-Arie sang; als alte Frau, weißhaarig und abgehärmt, die mit Laroche sprach, dem berühmten Burgschauspieler; als bleiche Tote, die Finger um den Fächer gekrampft, dann eingesargt und zu Grabe getragen an einem feuchtkalten Februartag mit einem Gefolge von fünf, sechs Trauernden hinter dem Priester ...

Noch einmal schlug ich das Buch auf und vertiefte mich in die Gottlieb-Kapitel. Ich wollte die Gefühle festhalten, die mich ergriffen hatten – Bitternis und Schmerz, aber auch Wut auf Annas herzlose Umwelt. Jetzt wußte ich, was ›Treue über den Tod hinaus‹ bedeutete. Und ich war mir sicher, daß ein bißchen von dem, was Anna empfunden haben mußte, wenn sie Mozarts Melodien hörte oder selbst sang, auch mir geschenkt worden war. Daß es mehr wurde, dafür wollte ich sorgen, auch wenn das andere nicht recht verstanden.

Der Silvesterkarpfen schmeckte mir nicht. Auch dem Glühwein und den Pfannkuchen konnte ich nichts abgewinnen. Am schlimmsten: das platte, krampfhaft lustige Unterhaltungsprogramm des Rundfunks. Endlich wurde das neue Jahr eingeläutet. Im Bett wälzte ich mich lange hin und her, ehe ich einschlief.

44

»Anderthalb Liter«, sagte Mutti und drückte mir die Milchkanne in die Hand. »Schönen Gruß an Frau Damm«, fügte sie hinzu.

Draußen blendete mich die Morgensonne. Ein milder Südostwind streifte durch die Apfel- und Pflaumenbäume, spielte mit den letzten gelbbraunen Blättern und wirbelte das Laub des Hofes empor. Papa war unterwegs zur Kirche. Die Glocken begannen zu läuten. Also mußte es kurz vor zehn sein.

Die Straße war menschenleer, wie immer am Sonntag. Irgendwo, weit weg, Hundegebell, dazwischen das rhythmische Tuckern eines Treckermotors. Ich überquerte die Straße, ließ die alte Kastanie vor dem Gehöft links liegen und öffnete die Hoftür. Als ich um die Hausecke gebogen war, schrak ich zusammen und blieb wie angewurzelt stehen. Ein entsetzlicher Anblick:

Vor der Betonmauer der Jauchegrube, zwischen Wannen, Trögen und Mollen, hockten zwanzig, dreißig graubraune Gestalten auf der Erde. Abgezehrte, stoppelbärtige, hohlwangige Männer in dreckigen, löchrigen Uniformen. Manche mit abgewetzten Stiefeln, die meisten in schiefgelatschten Holzkurkeln, einige barfuß. Sie klaubten dampfende, aufgeplatzte Kartoffeln aus den Behältern und stopften sie gierig zwischen die Zähne. Schmatzgeräusche mischten sich mit kehligen, zischenden Lautfetzen. Russische Gefangene. Einer äugte kurz zu mir herüber, kauend, mit zusammengekniffenen Lidern, wandte sich ab und spuckte die Schalen auf die Kopfsteine.

Ekel, Abscheu stiegen in mir auf. Zugleich aber war ich angerührt und betroffen. Es war Krieg, sicher, aber mußte das sein? »Mach, daß du wegkommst!«, hörte ich es plötzlich neben mir rufen. Jetzt erst bemerkte ich die Wachleute, zwei alte, gelangweilt dastehende Soldaten mit umgehängten Karabinern. Ich drehte mich um, preschte los, sprang auf den Tritt und war froh, als ich in der Küche stand.

»Wundere dich nicht, Hansi«, sagte Frau Damm, »die sammeln heute und morgen Kartoffeln bei uns. Sehen schlimm aus, nicht? Und der Hunger! Damit sie die Knollen nicht roh essen, draußen auf dem Feld, hab ich sie ihnen gekocht, im Dämpfer. Die Wachmänner hatten nichts dagegen. Erst wenn sie richtig satt sind, fahren wir los zum Arbeiten.«

Sie goß die Milch in die Kanne. »Kriegen die Russen auch Milch?«, fragte ich. Sie schüttelte den Kopf. »Geht nicht. Sind zu viele. Wir dürfen das auch nicht, wegen der Ablieferung.« Ich legte das Geld hin und bat: »Lassen sie mich vorne raus, bitte? Ich möchte nicht übern Hof gehen.« Sie klopfte mir auf die Schulter. »Kann ich verstehen. Ist wirklich kein schöner Anblick.« Als ich draußen stand, war ich noch wie betäubt. Dieser herrliche Herbsttag, diese strahlende Sonne – und hinter mir, nur durch das Haus getrennt, der jämmerliche Haufen hungriger Geschöpfe. Mir war kotzelend zumute.

»Wenn sie Kartoffeln sammeln, geht es ihnen besser als im Lager«, sagte Mutti. »Du hast es ja gesehen, mehr können Damms nun wirklich nicht tun. Vielleicht geben sie ihnen auch noch Brot, zum Mitnehmen.«

»Komisch«, erwiderte ich, »heute sorgen sie sich um die Gefangenen, und neulich hat Edde Damm den Gendarmen bestellt, damit er den Polen verprügelt.« Mutti legte ihr Buch beiseite. »Das war er, Edde, und nicht sie. Verstehst du, das ist ein Riesenunterschied!« »Außerdem«, mischte sich Papa ein, »war das ganz was anderes. Der Pole war frech und widerspenstig. Wollte nicht arbeiten. Die Russen tun es. Und sie sind Soldaten, haben wacker gekämpft. Wenn auch für eine schlechte Sache. Daß sie hungrig sind – nun ja, sie haben verloren, sind Gefangene. Wer A sagt, muß auch B sagen. Oder hinnehmen. Im Krieg ist das eben so.«

45

»Der verdammte Neitze hat wieder mal Urlaub«, sagte ich, als Mutti die Teller füllte, »ist mir begegnet in seinen schwarzen Klamotten. Hat mich angeglotzt, aber ich hab nicht gegrüßt.« »War bei dem auch nicht nötig«, murmelte Papa mit halbvollem Mund. Dann legte er den Löffel beiseite und sagte: »Ich begreife nach wie vor nicht, warum ein so junger, kerngesunder Kerl sich in Sachsenhausen herumdrücken darf, um Häftlinge zu bewachen. Können das nicht Verwundete machen? Oder rüstige, ausgebildete Rentner, die sich was dazuverdienen wollen? Der Neitze gehört an die Front!«

Das fand ich auch. Was für eine miese Type! Wenn ich ihn sah oder an ihn dachte, fiel mir gleichzeitig der Werner Zahn ein – der damals an der ekligen Sache mit den Juden beteiligt war. Und wenn der Ortsname Sachsenhausen genannt wurde, wie vorhin von Papa, kam mir unser Schneider in den Sinn, der im Frühjahr dreiunddreißig kurze Zeit in Oranienburg inhaftiert war. Mutti hatte das öfter erzählt. Und wie war es passiert? In der Kneipe, nach dem fünften oder sechsten Bier, war er dem Sturmführer dumm gekommen. »Deinen Paddendolch hätt'ste auch zuhause lassen können«, hatte er gesagt und damit den Ehrendolch gemeint. Also eine »politisch gemeinte Beleidigung« – so der SA-Führer, der für seine primitiven Wutausbrüche bekannt war. Dafür Anzeige, Verhaftung, Knast.

Als ich Mutti beim Abtrocknen half, sagte sie: »Wir mögen den Neitze ja alle nicht, den Angeber mit seinem großen Bauernhof. Aber grüßen solltest du ihn trotzdem. Das gehört sich eben so.« Ich erwiderte nichts. In diesem Falle, dachte ich, halte dich an Papa.

16

Es war nicht mehr zu umgehen. Spülen mit warmem Wasser half nicht, die Gewürznelke, vorsichtig hineingedrückt, versagte ihren Dienst und der Wollschal kam tagsüber nicht in Frage. »Tabletten gibt's nicht! Scher dich endlich zum Zahnarzt, den Schmerz beim Bohren wirst du schon aushalten. Sei nicht so feige!« Mutti war unerbittlich. Ich fuhr los.

Das Wartezimmer wie immer rappelvoll. Aber ich hatte Glück, denn ein Stuhl war noch frei. Als ich mich hinsetzte, blickten die anderen kurz auf, dann starrten sie wieder vor sich hin. Hinter mir ächzte jemand. In der Tischecke raschelte es; ein älterer Mann mit Spitzbart und Brille blätterte in der Berliner Illustrierten. Ich tastete immer wieder die schmerzende Stelle im linken Unterkiefer ab und versuchte, sie mit der Hand zu wärmen. Das rhythmische Stechen ließ aber nicht nach.

Plötzlich kreischte nebenan der Bohrer auf. Schritte waren zu hören, ein Gemurmel von Stimmen. Ich stellte mir Fräulein Bernholt vor, die Assistentin mit ihrer Entwarnungsfrisur[3], wie sie mit

3 Der Ausdruck »Entwarnungsfrisur« bezog sich auf das Verlassen des Luftschutzkellers nach dem Entwarnungssignal (»nach oben«) und charakterisierte ein straff hochgekämmtes Haar.

spitzen Fingern das Spülglas mit frischem Wasser füllte. Würde sie den nächsten hereinrufen? Nein, sie tat's nicht.

Die Klinke der Eingangstür bewegte sich langsam, zögernd nach unten. Ein blasses, grobes Gesicht, eingerahmt von einem grauen Kopftuch, tauchte neben dem Rahmen auf. Zaghaft, unschlüssig trat die Frau über die Schwelle, murmelte einen Gruß und schloß die Tür. Ein fülliger, straffer Busen in einer dunkelblauen, längsgestreiften Bluse. Über der linken Brust das aufgenähte Markierungsrechteck mit dem Wort OST. Also keine Deutsche. Eine polnische oder russische Fremdarbeiterin. Der verschossene graublaue Rock wölbte sich hoch auf, schnitt in der Taille tief ein und war vorne zu kurz. Kein Zweifel: die Frau war schwanger. Siebenter, achter Monat, schätzte ich.

Wieder das Aufschauen der Wartenden, wieder ihr Zurücksinken in dumpfes Brüten. Ich fixierte die Frau, wartete lange auf einen Blickkontakt. Da er nicht zustandekam, stand ich auf und bedeutete ihr, was ich wollte. Ich zeigte auf meinen Stuhl und sagte: »Bitte! Bitte, setzen sie sich doch!« Sie schüttelte unwillig den Kopf. Ich versuchte es noch einmal – vergebens. Gespannte Aufmerksamkeit bei den Wartenden. Einige saßen mit offenem Mund da, als ob sie etwas sagen wollten. Aber dabei blieb es; schließlich nahm niemand mehr Notiz von uns. Die Fremdarbeiterin blieb neben der Tür am Ofen stehen, stellte den linken Fuß vor und nahm die Hände auf den Rücken. Abwechselnd schaute sie auf die Wand hinter mir, auf den Fußboden, zum Fenster hinaus auf die Straße.

Endlich öffnete sich die Tür des Behandlungszimmers. Ein Mann trat heraus, das Taschentuch vor den Mund gepreßt. Hinter ihm tauchte Zahnarzt Irle auf. »Na, wer ist jetzt dran?«

Es ging zügiger voran. Da neue Patienten nicht hinzukamen, wurden Stühle frei. Dennoch stand die Schwangere immer noch, machte keine Anstalten, sich zu setzen. Endlich wurde auch ich hereingerufen. Milde gequält, aber wenigstens schmerzfrei und mit einer Zahnfüllung versehen, kehrte ich ins Wartezimmer zurück, wo sich nur noch die Ostarbeiterin aufhielt. Ich sah, wie sie hastig, als sei sie ertappt worden, von einem Stuhl aufsprang und ängstlich dem Hereinwinken Irles folgte. Mein Gott, dachte ich, erst als sie ganz allein war, hat sie sich hingesetzt. Ich nahm die Jacke vom Haken und trat auf die Straße, genoß die frische Brise, die mir ins Gesicht blies. Ich stemmte mich gegen den Fahrtwind, der das Treten erschwerte. Aber er verscheuchte nicht die Fragen und Gedanken, die mir durch den Kopf gingen.

»Ich versteh vieles nicht«, sagte ich, als wir am Abendbrottisch saßen, »warum sie sich nicht hingesetzt hat, warum die anderen Leute so stur waren, warum mich keiner unterstützt und sie ermuntert hat.«

Mutti äußerte sich zuerst. »Die hatten eben keine Kinderstube. Unhöfliches Volk. Wissen nicht, was sich gehört.« Papa widersprach. »Mieze, du bist weltfremd. Es war eben eine Ostarbeiterin. Das ist es. Gibst du mir noch eine Stulle rüber?« Er nahm die Mettwurst, schnitt sich zwei Scheiben ab und verteilte sie auf der Schnitte.

Ich war empört. »Ostarbeiterin, Ostarbeiterin – aber sie war doch in andern Umständen und sehr weit schon!« »Das kannst du auch leiser sagen«, entgegnete Papa, »wir sind doch nicht schwerhörig. Du weißt ganz genau: bei den Bauern sitzen sie isoliert am Polentisch. Ist eben verboten, der engere Kontakt. Auch aus Sicherheitsgründen.«

Ich begriff seine Argumente nicht. »Das weiß ich ja. Aber die Frau war schwanger. Das ist doch fast so wie krank. Wo man helfen muß! Und dann diese Angst bei ihr. Stellt sich hin, als wenn sie einen Fluchtweg braucht. Wovor hatte sie Angst?«

Niemand antwortete. Mutti, Rose, Papa, alle kauten vor sich hin. Dann, endlich, äußerte sich Rose. »Wer weiß, was sie erlebt und mitgemacht hat. Denkt mal an die Hinrichtung des Polen damals, den der fiese Gutsbesitzer angezeigt hatte wegen eines angeblichen Angriffs auf den Schweizer im Kuhstall. Alle Ostarbeiter wurden hingekarrt, mußten's mit ansehen.« Wieder Schweigen. Plötzlich fragte Mutti: »Hat dich jemand gekannt – von denen, die da warteten?« Papa legte sein Messer aus der Hand. »Aber Mieze – das geht zu weit! Wer das war und was die gedacht haben, ist schnurz und piepe. Daß du den Stuhl angeboten hast, war ja im Prinzip nicht völlig falsch. Aber man muß hier unterscheiden: es gibt Anstandsregeln und staatliche Gesetze. Kriegsgesetze. Manche wissen nicht, wann die einen und wann die andern gelten.« Nun war ich gespannt: »Und was gilt in meinem Falle?« Papa stand auf, holte seine Medizin aus dem Küchenschrank und zählte die Tropfen ab. »Ich hab's doch schon angedeutet«, sagte er, »im Prinzip war's korrekt, aber da es sich um eine Ostarbeiterin handelte, könnte der Einwand kommen ...«

Ich war außer mir und ließ ihn nicht ausreden. »Könnte, könnte, könnte. Ich verstehe immer noch nicht. Ihr drückt euch vor der Antwort, redet immer drum herum!« Mutti schlug mit der flachen Hand auf den Tisch. »Hör endlich auf mit deinem Gefrage! Uns kritisieren wollen! Sei froh, daß die Zahnschmerzen weg sind. Und auch die deiner Ostarbeiterin! Schließlich hat Irle sie ja behandelt, wie es sich gehört. Wir haben ganz andere Sorgen. Morgen fangen wir mit den Johannisbeeren an. Erst die roten, dann die schwarzen. Hoffentlich drückst du dich da nicht wieder vor dem Pflücken wie im vorigen Jahr. Da fällt mir ein: Geh nachher rüber zu Roloffs und frage, ob Otto und Achim nachmittags kommen können, um zu helfen. Natürlich gegen Bezahlung.«

47

Wir waren abgestiegen. Ich schob die Räder in den Schatten, schloß sie zusammen und wollte gerade die Bademäntel abschnallen, da rief Marianne: »Mensch, da drüben steht der Willert; er kampiert mit seiner Familie an der Badestelle! Und blickt her, das Luder!« Es blieb uns also nur eins: gute Miene zum bösen Spiel machen, und das hieß hingehen, Hände schütteln, zusammen ins Wasser gehen. Zu guter Letzt machte es sogar Spaß, in der Biegung, wo die Stepenitz besonders tief war, sich beim Tellertauchen gemeinsam abzustrampeln.

Am nächsten Tag aber folgte Willerts eiskalte Dusche, diesmal nicht in Mathe oder Physik, sondern in Chemie: eine überraschende Leistungskontrolle zum Thema ›Strukturformeln anorganischer Säuren‹. Er rief mich nach vorn an die Tafel und sagte betont langsam: »Na, nach dem Baden mit der Freundin auch noch tüchtig gebüffelt? Oder etwa nicht?« Ich lief rot an und senkte den Kopf. Als er zu fragen begann, war ich nicht imstande, korrekt zu antworten. Ich fühlte mich todmüde und leer wie ein ausgeblasenes Ei. Und versagte jämmerlich.

Wieder einmal hatte sich bestätigt: Studienrat Doktor Willert war unser Unglück! Für Rose zuerst (aber noch halbwegs erträglich), dann für mich – mit bösen Folgen. Rose hatte ihn seinerzeit freiheraus vor der Klasse kritisiert: »Mein Vater sagt, sie haben überhaupt keine Methode!« Das wollte er nicht auf sich sitzen lassen und war drei Tage später nachmittags zum vereinbarten Hausbesuch erschienen. Papa zog sich mit ihm ins Herrenzimmer zurück. »Wir haben uns gütlich geeinigt«, sagte er später, als Willert sich davongemacht hatte, »wenn auch ein bißchen mühselig. Ist ein schwieriger Mensch. Sieh zu, daß du trotzdem mit ihm zurechtkommst.«

In der ersten gemeinsamen Unterrichtsstunde, die ich Jahre später erlebte, trug Willert alle Schüler in sein Notizbuch ein. Als ich meinen Namen nannte, hob er den Kopf, stutzte und musterte mich mit stechendem Blick: »Hast du eine Schwester, die Rosemarie heißt?« Auf meine bejahende Antwort reagierte er sofort. »Aha, hab ihn also richtig erinnert, meinen Besuch bei euch damals. Dann kennen wir uns ja schon ein bißchen, wir beide!« Er griente mich an. Ich verzog keine Miene, denn ich traute ihm nicht über den Weg.

Mein Verdacht bestätigte sich. Es dauerte nicht lange, und ein zäher Kleinkrieg begann. Geschickt und listenreich deckte er bei mir Fehler, Mängel, Versäumnisse und Lücken auf. Schlagartig verschlechterten sich meine Zensuren. Er reizte mich zu Angriffen und Bosheiten, blamierte mich und kanzelte mich ab. Mein Ärger, Widerwille und Trotz nahmen von Monat zu Monat zu. Bis sich alles entlud, kurz nach der fiesen Badeaffäre.

Es geschah im Physikraum, in einer sechsten, also letzten Stunde. Willert erläuterte eine Beweiskette, die er angeschrieben hatte. Ich beugte mich flüsternd zu meinem Banknachbarn hinüber: »Du, Wolfgang, pump mir doch mal eins von deinen Linealen, hab meins heute vergessen.« Kaum war ich mit dem Satz zu Ende, da brüllte Willert mich an: »Was hast du wieder hinterrücks tuschelnd gegen mich vorzubringen, verdammter Bengel?!« Ich versuchte, ruhig zu bleiben und sagte: »Sie irren sich, ich habe lediglich …«. Er ließ mich nicht ausreden: »Kenn ich alles, kenn ich alles, deine Ausflüchte kannst du dir sparen. Wegen Störung des Unterrichts werde ich dir einen Tadel ins Klassenbuch eintragen!«

In diesem Augenblick sah ich rot; meine Beherrschung versagte. Ich sprang auf, schlug mit der Faust auf die Tischplatte und schrie: »Mich schikanieren – das können sie, mehr nicht. Blöder Pauker! Das muß ich mir nicht gefallen lassen, heute jedenfalls nicht. Machen sie weiter ohne mich. Auf Wiedersehen!« Ich griff die Aktentasche, rannte hinaus und schmetterte die Tür mit aller

Kraft hinter mir ins Schloß. Kurz darauf saß ich auf dem Rad und preschte nach Hause. Mutti wunderte sich: »Schon so früh heute?« »Physik ist ausgefallen«, sagte ich. Ich aß mit Appetit und ließ mir einen Nachschlag geben. Die Angst kam erst später, als ich an meinem Schreibtisch saß. Drohte etwa die Relegation?

Sie drohte wirklich. Am nächsten Tag, in der großen Pause, sah ich Studienrat Scholz, unseren plumpen, bärbeißigen, aber stets redlichen Klassenlehrer (der nicht zufällig ›Klobe‹ genannt wurde) auf mich zukommen. Er zog mich in die Ecke des Flurfensters und fixierte mich mit wütendem Blick. »Bist ein Ochse, ein ausgewachsenes Rindvieh!«, knurrte er. »War das denn nötig? Gab es keinen anderen Weg – über mich zum Beispiel? Dein verdammter Starrsinn! Jetzt hat Willert den Antrag gestellt, dich auszuschließen. Das hast du dir und uns eingebrockt. Noch für heute ist das entscheidende Konsilium einberufen!« Er drehte sich um und stakste davon.

Ein Schrecken fuhr mir in die Glieder. Mir wurde heiß, ich begann zu schwitzen. Wilde Gedanken schossen mir durch den Kopf – über ein sinnloses Zu-Kreuze-Kriechen, über martialische Reaktionen zuhause, über den Abschied von vertrauten Kameraden.

Tags darauf wußte ich: Meine Sorgen und Beklemmungen waren vielleicht heilsam, aber letztlich unnötig gewesen. Denn Willerts Antrag hatte keine Mehrheit gefunden! Ich atmete auf: Unter den Paukern hatte es also viele hilfreiche Schutzengel gegeben. Klobe brummte: »Aber eins ist klar: deine höfliche Entschuldigung. Denn die hat er verlangt – mit Recht! Wehe, wenn du hier nochmals stur bist!« Ich nickte eifrig: »Sie können sich auf mich verlassen.« Am liebsten hätte ich ihn umarmt!

Mein Verhältnis zu Willert entspannte sich, blieb aber nach wie vor distanziert und frostig. Als rätselhaft, ja wundersam empfand ich das Verhalten des Lehrerkollegiums. Es hatte dicht gehalten und das von mir heraufbeschworene Problem eigenständig gelöst. Mutti und Papa hatten überhaupt nichts mitgekriegt! Als ich mich dafür bei Klobe bedankte, lächelte er. »Na siehst du, wir sind manchmal menschlicher als ihr denkt. Und Eltern müssen nicht alles wissen, denn sie neigen bisweilen zu völlig überflüssiger Härte. Verstanden? Und nun schwirr ab!«

Als sich die schwäbische Schwadron in unserer Gegend einquartiert hatte, wurde es im Dorf lebendig. Uniformen überall und Soldaten ständig auf Achse: Antreten, Losmarschieren ins Gelände, Heimkommen, Wegtreten, danach Putz- und Flickstunde. Pferdewiehern auf der Straße und in den Ställen. Abends Musik und Gesang.

Seit Oberleutnant Taxis aus Stuttgart unsere gute Stube bezogen hatte, war Papa wie aufgedreht. Am späten Nachmittag postierte er sich hinter der Gartenpforte, zückte immer wieder seine Taschenuhr und trippelte nervös hin und her. Endlich erschien der sehnlichst Erwartete, wurde lebhaft begrüßt und beide verschwanden im Herrenzimmer. Dort bekaterten sie seit Tagen nicht nur die glänzende Kriegslage, sondern auch diverse Schulprobleme. Denn Taxis war – welch ein glücklicher Zufall – im Zivilberuf Volksschullehrer und kam Papa als Gesprächspartner wie gerufen. Auch Mutti fand den straffen, blassen Mann mit seiner randlosen Brille sympathisch. »Was für ein höflicher und penibler Mensch«, sagte sie anerkennend, »der übrigens reinseidene Unterhosen trägt!« »Wieso denn so was Verrücktes?«, fragte ich verwundert. »Das ist nicht verrückt«, erwiderte sie, »Papa hat es mir erklärt: Der seidene Stoff schützt ausgezeichnet vor dem Wundwerden beim Reiten! Nun weißt du's.«

Gut, nun wußte ich's, obwohl es mich nicht sonderlich interessierte, ebenso wenig wie der pflegebesessene Reiter. Ich war mehr für seinen Burschen zu haben, der zwar nicht bei uns wohnte, aber im Hause aus und ein ging, um seinen Herrn zu bedienen. Kaum hatten wir uns drei Tage gesehen und miteinander geredet, da durfte ich ihn schon duzen. Am Wochenende saß ich nachmittags neben ihm im Kino, um zunächst die dramatischen Kriegsbilder der Wochenschau zu verfolgen und mich danach von einer spritzigen Filmkomödie mit dem Titel ›Sommer, Sonne, Erika‹ belustigen zu lassen. Natürlich hatte er meine Eintrittskarte bezahlt. »Den Diener spielen für so 'nen Offizier – ist das nicht fürchterlich?«, fragte ich ihn, als wir nach Hause gingen. Er winkte ab. »Mein Chef ist ganz in Ordnung«, sagte er, »und dann mußt du bedenken: ihn bedienen ist besser als der alltägliche Kommißtrott und manche miese Schinderei der verdammten Ausbilder. Wie's dann draußen wird, irgendwann an der Front, muß man sehen. Kommt Zeit, kommt Rat.«

Das alles hatte sich damals abgespielt, im Frühjahr vierzig, kurz vor der Besetzung Dänemarks, an der die Schwaben-Schwadron beteiligt war. Jetzt, fast zwei Jahre später, wollte mit der zweiten Einquartierung von Soldaten eines märkischen Regiments nicht dieselbe heitere und aufgelockerte Stimmung aufkommen. Heinz, der redegewandte Obergefreite aus Berlin, der in unserer Dachstube mit Ach und Krach einen Teil der Ausstattung seiner Schreibstube untergebracht hatte, äugte über den Rand seiner Lesebrille und sagte nachdenklich: »Weiß der Teufel, was wird. Lange werden wir wohl nicht bleiben. Der Osten ruft, die Front dort ist immer noch eingefroren.« Dann verzog er den Mund: »Man wird uns verheizen zum Auftauen, sogar solche Aktenhengste wie mich.« Dieser Galgenhumor hörte sich nicht gut an, weiß Gott nicht. Ich fragte mich: Ist er feige?

Manchmal stiegen Rose und ich abends nach oben, um mit Heinz und seinem Freund Klaus zu klönen. Wir saßen dann auf der Sitzbank vor dem eisernen Ofen, Rose auf der ›Kriegskasse‹ (wie Heinz seine grünbraune Stahlkassette mit den Wehrsoldvorräten nannte), ich daneben auf einem Sofakissen. Wir knabberten Kekse und kauten Äpfel, tranken Tee oder Apfelsaft.

Zu einer dieser Zusammenkünfte brachten wir einen schmalen Gedichtband von Walter Flex mit: ›Im Felde zwischen Nacht und Tag‹. Wir glaubten, unsere beiden literarisch interessierten Freunde müßten den Versen dieses im Weltkrieg gefallenen Dichters ebenso inbrünstig zugetan sein wie wir es waren. Aber wir hatten uns geirrt. Heinz sagte nur: »Flex? Ach du liebe Zeit«, und rührte in seiner Teetasse. Klaus wurde deutlicher: »Ihr könnt ja begeistert sein, von wem ihr wollt. Uns ist der Flex einfach zu heroisch. Und außerdem viel zu pathetisch. Krieg ist kein Theater!« – Das saß und traf mich schmerzhaft. Warum waren sie so abgestumpft?

Gemütlich war es an einem verregneten Sonnabend, als Heinz launige Streiche aus seiner Studentenzeit zum besten gab und Klaus Witze erzählte. Irgendwann tippte mir Heinz auf die Schulter: »Los, Kumpel, bring den Plattenspieler in Schwung, wechsle die Nadel und leg 'ne Scheibe auf! Nicht umsonst hab ich dir das alles beigebracht.« »Und was willst du hören?«, fragte ich. »Na, das weißt du doch: zunächst mal die Broadway-Melodie.« Wenig später lauschten wir der amerikanischen Filmmusik und ließen uns vom Klappern der Steppschritte zu wiegenden Mitbewegungen hinreißen. Heinz war entzückt: »Das ist Eleanor Powell – eine Klasse für sich!« »Und jetzt Teddy Staufer«, rief Klaus, erhob sich und zog das Grammophon auf. Diese Swingmusik hatte ich erst durch Heinz' Plattensammlung kennen gelernt. Klaus summte die Melodie mit. Als sie verklungen war, sagte er gnatzig: »Und so was Schönes ist aus dem Radio verbannt, ebenso wie der Jazz. Entsetzlich!« Wenn's stimmt, dachte ich, ist es Blödsinn, dummes Zeug. Aber wichtiger fand ich, daß mir der Rundfunk die ernstere Musik nicht vorenthielt. Morgen, am Sonntag, zwischen neun und zehn, würde ich im ›Schatzkästlein‹ des Deutschlandsenders davon profitieren.

Der Marschbefehl für das Regiment kam früher als erwartet. Am Abend zuvor das gemeinsame Abschiedsessen in ziemlich gedrückter Stimmung. Ich durfte Bier mittrinken und wurde in die Küche geschickt, um einen Grog zu mixen. Immer wieder waren die Freunde unzufrieden: »Zu viel Wasser, zu wenig Rum. Noch mal ran, Hansi! Schütt weg, was zu labberig ist!« Das fiel mir schwer. Heimlich kostete ich von dem wohlriechenden Gebräu. Plötzlich, beim dritten Mal, merkte ich, daß ich beim Gehen schwankte. Eine grundlose, kindische Albernheit befiel mich. Ich schlich hinaus auf den Hof, begann zu trällern und vollführte einen Reigen um die Pumpe. Ins Zimmer zurückgekehrt, stellte ich die Kanne auf den Tisch. Mir wurde schwarz vor Augen, alles drehte sich, es summte und dröhnte in den Ohren …

Am Morgen winkten alle den abziehenden Soldaten nach – ohne mich. Mit hämmernden Kopfschmerzen lag ich im Bett, sauelend, unfähig zum Aufstehen. »Das mußte nicht sein«, sagte Mutti verärgert, »dich hinter unserem Rücken zu betrinken. Na gut, jetzt weißt du wenigstens, was ein Kater ist. Laß dir das eine Lehre sein!«

49

Im gleißenden Sonnenlicht war der Innenraum der alten Backsteinkirche besonders schön – in seiner schwindelnden Höhe, mit seinen farbenprächtigen Fenstern, seinen vielarmigen messingnen Kronleuchtern an ihren matt schimmernden Ketten, seinen schneeweißen Kerzen vor dem schattendunklen Altarbild. Die Klänge der

Orgel erschienen mir wie Wogen, auf denen sich die hellen Stimmen des Frauenchors durch die Nischen und Bankreihen tragen ließen. Welch eine wunderbar anrührende, bewegende Stimmung!

Aber leider, das wurde mir bald klar, bedeutete ›Einsegnung‹ auch noch etwas anderes. In dem nagelneuen, frisch gebügelten Nadelstreifen-Anzug, den mir Schneider Kahl angemessen und genäht hatte, kam ich mir wie verkleidet vor. Und auf den ersten Sitzbänken, die für uns Konfirmanden reserviert waren, fühlten wir uns zwischen den Angehörigen und Festgästen hinter uns und Pfarrer Rott vor uns eingekesselt wie Gefangene. Aber das waren mehr Äußerlichkeiten. Als schlimmer empfand ich, was mich innen, im Kopf, bestürmte und aufregte, und das schon sehr, sehr lange.

Seit sich der graubärtige Gottvater meiner frühen Kinderjahre, der in irgendwelchen Wolken zuhause war, ebenso verabschiedet und erledigt hatte wie das Beten vor dem Einschlafen oder bei Tisch, wußte ich nicht mehr, wer oder was Gott überhaupt sein sollte. Ein lebendiges überirdisches Wesen? Das doch wohl nicht. Eine höhere Idee, ein Daseinsprinzip? Also etwas Immaterielles? Aber es sollte doch angeblich im Weltall und auf der Erde wirken. Wie konnte das funktionieren? Wie die Schwerkraft oder der Magnetismus? Fragen über Fragen. Und wer gab Antwort?

Dann, ebenso schwierig, Leben und Tod Christi. Alle diese Märchen um Verkündigung und Geburt. Die Empfängnis, angeblich unbefleckt: geradezu lachhaft. Ebenso die Wundertaten! Jesus' religiöse Lehre, sein Kampf gegen das Überkommene, die Anklage und Hinrichtung – gut, bewundernswert, in Ordnung. Aber dann wieder: ›Er hat die Schuld der Welt auf sich genommen.‹ Jeder muß doch mit seiner Schuld selbst fertig werden; das nimmt ihm keiner ab, auch Christus nicht. Und immerfort, in jedem Bibelkapitel aufs neue, Legenden über Legenden. Zum Beispiel über die Auferstehung. Wen sollte das überzeugen? »Ihr dürft solche Bibelaussagen nicht so wörtlich nehmen«, hatte Rott gesagt, »vieles davon ist Symbol, Gleichnis, Allegorie. Bild für wirklich Gemeintes.« Und was war gemeint? Niemand wußte es glaubwürdig zu sagen. Er schon gar nicht, der kunstsinnige Büchernarr und Uhrensammler!

Als es in der Feier um unser gemeinsames, im Chor zu sprechendes christliches Glaubensbekenntnis ging, senkte ich den Kopf und blieb stumm. Das war nicht viel und auch nicht sehr mutig. Aber besser als mechanisch mitplappern, dachte ich.

Am Nachmittag war alle Unbill wie weggeblasen. Da mein Geburtstag und Palmarum zufällig auf einen Tag fielen, hatte es viele Geschenke gegeben. Über die erste Armbanduhr, den Montblanc-Füller, den schnieken Drehbleistift (achthunderter Silber!) und das Buch mit den Mozart-Briefen freute ich mich besonders. Nur den dunklen Anzug und das Oberhemd mit dem Schlips hätte ich liebend gern gegen kurze Hose und Pullover eingetauscht. Aber ich wußte natürlich: wie so häufig, war das Angenehme und Schöne ohne Rücksicht und Verzicht nicht zu haben.

50

Ein schwüler Julitag, ohne abendliche Abkühlung. Ich war sehr schnell gefahren. Als ich verschwitzt vom Rad stieg, stand Mutti hinter der Gartentür. Ich ahnte, warum. Wieder einmal hatte ich mich wegen Marianne arg verspätet und mußte mit einer Strafpredigt rechnen. Aber es kam ganz anders. Leise, monoton sagte sie: »Gut, daß du da bist. Komm rein, laß das Rad hier stehen. Geh ins Schlafzimmer, Papa ist was passiert.« Sie blickte mich an wie einen Fremden. Was war geschehen? Ein Unfall?

Schon der Geruch im Herrenzimmer verriet mir: es war geschossen worden. Ich öffnete die Schlafzimmertür, schreckte zurück. Ein entsetzliches Bild. Papa lag schräg auf seinem Bett. Unter dem Kopf eine Blutlache. Das Gesicht feucht, blaß, gelöst. Zwischen den geschlossenen Augen ein pfenniggroßes Loch mit schwärzlichen, eingerissenen Rändern. Er mußte es im Sitzen getan haben. Das rechte Bein war weggestreckt, neben dem Fuß lag die Walther. Der Hausschuh war blutverschmiert. Wieso das? Ich zog ihn vorsichtig ab und sah, daß der Fuß durchschossen war. Also zweimal? Wie reimte sich das zusammen?

Mutti starrte vor sich hin. »Wir hatten uns gestritten, weil er sich mit der alten Friese in die Haare geraten war. Diesmal wegen der Taubnesseln an ihrem Gartenzaun. Du weißt schon: Kaninchenfutter. ›Das sind meine, nicht ihre!‹, hatte sie ihn angeherrscht und prompt war der Krach da. Zum Lachen – aber es war wirklich so. Ich warf ihm vor, er mache sich zum Gespött der Leute, wenn er sich wegen solcher Lappalien aufregt. Das war zu viel – wie oft schon, du kennst es. Er sprang auf, es folgte das übliche ›Wirst schon sehen, was du davon hast!‹ Er rannte ins Schlafzimmer. Dann die Schüsse. Das war neu, anders als früher. Trotzdem habe ich weitergestrickt. Erst als es lange still blieb, bin ich reingegangen.« Noch immer dieses tonlose, sich abspulende Aufsagen, auch danach, als sie sagte: »Bitte, geh zum Gasthof, ruf Rose an. Sie muß sofort kommen. Faß im Schlafzimmer nichts an! Alles muß so bleiben, wie es jetzt ist, wegen der Ermittlungen.«

Das war doch klar. Was sollte diese Ermahnung? Ich rannte los. Am Telefon sagte ich nur: »Komm ganz schnell nach Hause, Papa hat sich was angetan«, und legte auf, ohne Roses Antwort abzuwarten. Als ich zurückkam, saß Mutti auf dem Bett. Neben der Leiche. Ihre Hände zitterten. Ich blickte aus dem Fenster, sah, wie Rose um die Ecke bog und das Rad ins Gras fallen ließ. Dann stand sie im Zimmer, beugte sich über Papas Kopf und begann zu schluchzen. Mutti richtete sich auf. Rose nahm sie in den Arm und streichelte ihren Nacken. Ich setzte mich daneben und wollte Muttis rechte Hand ergreifen, als sie plötzlich aufstand. Sie strich sich den Rock glatt. Beim Hinausgehen sagte sie: »Ich muß Rosenheim Bescheid geben, damit er die Polizei verständigt.«

Die Stunden und Tage danach: eine endlose Kette unerträglicher Ereignisse. Der ungelenke, nervöse Gendarm, der die Pistole aufhob und in der Aktentasche verstaute. (Warum kam eigentlich keiner von der Kripo?) Der Arzt, wie er den Totenschein schwenkte, um die Tinte zu trocknen. Im Waschkorb das blutdurchtränkte Bettlaken. Frau Spenn bei ihrer pedantischen Leichenwäsche. (Zum ersten Mal sah ich Papa ganz und gar nackt, ohne Unterhose.) Der eklig süße Geruch im Herrenzimmer, als die Leiche dort im offenen Sarg aufgebahrt war.

Dann die Beerdigung: Der quälend langsame Trauerzug, vor uns Pfarrer Rott, hinter uns der Kriegerverein mit seinen Fahnen; eine nichtssagende, trostlose Predigt; lästiges Händeschütteln mit Beileidsformeln; Muttis naßgeweinter Trauerflor, Tante Lenes hysterisches Geheule. Als wir vom Friedhof heimkehrten, hielt ich's nicht mehr aus. Ich flüchtete auf mein Zimmer, warf mich aufs Bett und starrte an die Decke. Was war nun wirklich geschehen an jenem Abend im Schlafzimmer? Selbstmord? Oder hatte Papa leichtfertig mit der Pistole hantiert? Die zwei Schüsse, wie waren sie zu erklären? Sollte Mutti etwa ...? Nein, das konnte nicht sein. Auf keinen Fall.

Noch Wochen danach suchte ich nach Antworten auf diese Fragen. Niemand half mir. Rose wehrte ab und Mutti sagte: »Was würde es uns helfen, wenn wir's wüßten? Das macht ihn auch nicht wieder lebendig.« Sie war nach der Beerdigung zusammengeklappt, wich Gesprächen aus, ging jeden Tag zum Friedhof, kam mit rotgeweinten Augen zurück. Und wenn sie etwas sagte, war sie nach wenigen Sätzen bei Selbstanklagen angelangt. »Wir müssen aufpassen«, sagte Rose, »daß sie sich nichts antut. Wenn du hier bist und merkst, daß sie zu lange an Papas Grab hockt, dann geh hin und bring sie dazu heimzugehen.«

Eines Tages, als ich sie wieder einmal vom Friedhof weg nach Hause geholt hatte, sagte sie vorwurfsvoll: »Die Leute im Dorf haben sich gewundert, daß du auf der Beerdigung nicht geweint hast. Und kurze Hosen anhattest, nicht deinen Konfirmandenanzug. Aber du wolltest es ja so.«

Ich schwieg. Mir fiel keine Antwort ein, die Mutti befriedigt hätte. Ja, es stimmte: Ich hatte nicht geweint. Ich konnte einfach nicht. Die Tränen blieben weg, damals wie später. In mir spürte ich nur eine bodenlose Leere. Und wollte so schnell wie möglich vergessen. Wenn ich zur Schule fuhr, streifte ich den Trauerflor vom Ärmel, sobald ich das Dorf hinter mir hatte und verstaute ihn in der Hosentasche. Auf der Rückfahrt legte ich ihn wieder an, wenn das Dorf in Sicht kam. Die Kumpels fauchte ich an: »Hört auf, mich nach meinem Vater zu fragen. Das geht mir auf die Nerven.« Warum war das alles so?

Nur eines wußte ich sicher: seit längerer Zeit schon war mir Papa sehr fremd geworden. Einen Vater, von dem ich angetan war, zu dem ich aufschaute oder ihn gar verehrte – den vermißte ich schon lange. Mittlerweile hatte ich mich anderswo umgesehen, um mir helfen zu lassen, mich zurechtzufinden. Es gab Bücher, Lehrer, Kameraden. Ob das reichte, würde sich zeigen.

51

Unsere alten Studienräte waren bisweilen ganz schön clever, wenn sie es darauf anlegten, politisch gefärbte Spitzen auszuteilen. »Man merkt eben«, sagte Mutti, wenn ich davon berichtete, »daß sie früher, vor dreiunddreißig, SPD-hörig oder sogar gemaßregelte Logenbrüder gewesen waren.«

Da hatte doch Franz Hörmann vor einigen Wochen für seinen sonst ziemlich langweiligen Geschichtsunterricht einen Redewettstreit organisiert, der unter dem Motto ›Sparta oder Athen?‹ stand. Fred erklärte sich bereit, Spartas militante Staatsform zu verteidigen, während ich mich gemeldet hatte, um die Vorzüge der athenischen Demokratie und Kultur herauszustellen. Im Verlaufe der Vorbereitung erinnerte ich mich an ein seinerzeit, nach der Konfirmation, achtlos beiseitegelegtes Buchgeschenk, nämlich Joseph Gregors ›Perikles‹ (mit dem Untertitel ›Griechenlands Größe und Tragik‹), das sich nun plötzlich als nützliche Quelle erwies, um Fred aus dem Felde zu schlagen. Als unser Duell mit einer kurzen Aussprache zu Ende ging, war mir klar: ich hatte mit meinen Argumenten gesiegt! In seiner Zusammenfassung trieb Hörmann die Wesensmerkmale der beiden Regime auf die Spitze, als er von Spartas »militaristisch-barbarischer Unkultur« im Gegensatz zur »volksverbundenen Kulturgesellschaft« des athenischen Stadtstaates sprach. Daraufhin meldete sich der dicke Benthin zu Wort: »Im Geschichtsbuch steht es aber ganz anders und ›spartanisch‹ – das ist doch weiß Gott kein Schimpfwort?!« Hörmanns Antwort lautete: »Die Verfasser von Lehrbüchern machen es sich oft leicht mit Vereinfachungen. Die Welt ist viel komplizierter, merk dir das!« Damit war der Einwand erledigt.

Zu Ostern hatte Doktor Spranger (der wegen seiner imponierenden Körperlänge den Spitznamen ›Latte‹ trug) in Vertretung unseres erkrankten Klassenleiters die Zeugnisverteilung mit folgenden Bemerkungen eingeleitet: »Heute sind die Noten noch auf den alten Formularen vermerkt worden. Das nächste Mal wird es anders sein. In den neuen wird dann oben, in ganz großen Lettern, das Wort ›Leibeserziehung‹ stehen. Und darunter, nur noch kleingedruckt, der Titel ›Übrige Fächer‹. Gafft nicht so – es stimmt wirklich, glaubt's mir!« Verdutzt blickten wir uns an – was sollte das denn? Ach so, fiel mir ein, er meint die penetrante Überbewertung des Sports! Jetzt griente er verschmitzt, legte den Stapel aufs Pult und sagte: »Gut, erledigt, Spaß beiseite. Hier, nehmt euch die Zettel!« Und es war noch gar nicht lange her, daß Latte im Französischunterricht, als wir die Lektion über Paris gelesen und besprochen hatten, unvermittelt sagte: »Auf dem Friedhof Montmartre ist übrigens auch Heinrich Heine beerdigt worden!« Nach diesem Satz erschrak er und fügte hastig hinzu: »Ach du liebe Zeit, das dürfen sie ja nicht wissen!« Die meisten von uns begriffen den Sinn dieser Ergänzung nicht. Mir war klar, wer gemeint war: der jüdische Dichter der ›Lorelei‹ und des ›Belsazar‹. Den kannte ich aus unserem Balladenbuch und aus Bieses Literaturgeschichte.

Ein letztes Beispiel. – An einem Sommertag, zu Beginn der sechsten Stunde, schleppte Studienrat Studer, unser ›Master‹, wieder einmal das Grammophon aus dem Lehrerzimmer in unseren Klassenraum, stellte es aufs Pult und zog eine Schallplatte aus seiner Aktentasche. »Heute«, sagte er, noch ganz außer Atem, »heute geht es nicht um die korrekte Wiedergabe einer Anekdote wie neulich. Wundert euch nicht: heute, und das mitten im Krieg, spiele ich euch eine männliche Stimme vor, die eine Rede hält in wunderbarstem Oxford-Englisch, und zwar eine Unterhaus-Rede. Es ist der britische Außenminister Chamberlain!« Donnerwetter, dachte ich, das ist ja 'n Ding! »Natürlich ist er jetzt unser Feind«, fuhr Studer in seiner üblichen festen, markanten Stimme fort, »und was für einer, aber das ändert nichts an seinen sprachlichen und rhetorischen Fähigkeiten. Und nun« – er legte die Platte auf – »hört euch an, wie man ein gutes Englisch zu sprechen hat!«

Die Meinungen über diese schlauen Spielchen der alten Herren waren vielfältig. »Sie versuchen, sich bei uns anzubiedern«, sagten manche, »sie fallen zurück in die Systemzeit«, hieß es bei einigen. Benno Vieweg meinte: »Wäre nicht der Krieg, der auch die jungen Lehrer an die Front ruft, hätte man diese Typen längst davongejagt!« Das fand ich extrem und gefühllos. Mir gefiel ihr Bestreben, mit Mumm, Witz und Intelligenz die Öde des schulischen Alltags aufzulockern. »Von politischer Feindschaft«, sagte ich, »ist das meilenweit entfernt. Da kannst du sagen, was du willst.«

52

In der Halle war es eiskalt. Hier turnen, dachte ich, am Reck, am Barren, an den Ringen? Mit klammen Fingern? Unmöglich. Kallenbach wurde ungeduldig und raunzte uns an. »Wollt ihr euch nicht umziehen? Runter mit den Klamotten, aber dalli Ich werde euch schon warm kriegen, verlaßt euch drauf!«

Das stimmte wohl. Aber was sollte das: Turnen nicht aus Lust am Schwung, am Wagnis, an der Leistung, sondern bloß als Heizungsersatz? Und draußen, auf dem Vorplatz, schien die mittägliche Februarsonne, leckte an der brüchigen Schneedecke und könnte uns den Rücken wärmen. Warum also in der Halle bleiben? Horst, unser Klassensprecher, übermittelte, was wir uns sehnlichst wünschten: »Herr Studienrat, wie wär's mit 'ner zünftigen Schneeballschlacht?« Kallenbach senkte den Blick, dachte nach. Dann hob er den Kopf und griente uns an. »Gut, geht in Ordnung. Aber unter zwei Bedingungen. Erstens: daß ihr im Sportdreß erscheint, mit nacktem Oberkörper; zweitens: daß ihr euch zu Beginn einer Mutprobe unterwerft. Dabei geht es auch um das Werfen von Schneebällen, aber unter ganz bestimmten Umständen...«

Eine Viertelstunde später stand ich wie alle anderen, die vor mir oder nach mir an der Reihe waren, vor der johlenden Meute der Kameraden, die mich aufs Korn nahmen und kaltschnäuzig ihre wuchtigen Geschosse auf mich abschossen. Befehlsgemäß stand ich reglos, schützte meine Hoden mit den Händen und schloß die Augen, falls es mir gelang, einen drohenden Kopftreffer vorauszusehen. Mein Herz raste, ich hatte panische Angst und verkniff mir mühsam die unabwendbaren Schmerzen. Endlich, nach drei Minuten, ertönte Kallenbachs Trillerpfeife und erlöste mich. »Der Nächste nach vorn!«, gellte es über den Platz. Ich reihte mich ein in die Gruppe der Werfer, zielte wie sie, jubelte wie sie, wenn ich getroffen hatte. Die Vergeltung tat wohl, erwärmte mich und wischte alle Unbill von vorher beiseite. Ich hatte nicht versagt. Das zählte. Nur das, nichts sonst!

Die Schneeballschlacht danach, zwei Parteien gegeneinander, fand ich langweilig. Ich war froh, als der Schlußpfiff ertönte.

53

Es roch nach Bratkartoffeln, Bohnerwachs, Aktenstaub. Der mattgrüne Schirm über dem Messingfuß der Lampe tauchte den Schreibtisch, die Fenstervorhänge und die Hand mit den Formularen in ein fahles Licht.

Bürgermeister Rosenheim spielte mit seiner Nickelbrille. »Also das willst du, einen Bezugsschein für eine Fahrraddecke? Na schön. Mal sehen, was die Kartei sagt.« Er mußte nicht lange suchen, bis er die Karte mit unseren Namen fand, in roter Schrift, blau eingerahmt. »Tja, mein Junge, du hast im vorigen Jahr schon eine Decke bekommen. Und sogar zwei Schläuche! Das sieht nicht gut aus. Weiß nicht, ob sich das machen läßt.«

»Aber ich muß doch zur Schule, jeden Tag. Und zweimal die Woche zum Dienst. Und manchmal noch zum Sportplatz.« Er drehte sich um. »Ich weiß, ich weiß. Und dann noch baden fahren, und dann noch rumjuxen im Dorf, und dann noch mit der Freundin durch die Gegend radeln, und dann noch und dann noch … stimmt's?«

Das war gemein. Aber ich konnte es nicht abstreiten. Verdammter preußischer Federfuchser. Ich versuchte eine Begründung: »Aber wissen sie, das Material ist auch zu schlecht. Die Decke vom vorigen Jahr ist einfach hin. Die Leinwand bricht, sobald sie Frost abgekriegt hat.« Er nickte ungeduldig. »Schon gut, schon gut, das weiß ich auch. Die Front braucht eben die guten Sachen. Da müssen wir verzichten. Mußt du doch wissen, als Oberschüler und HJ-Führer!«

Er stand auf, zog einen Ordner aus dem Aktenschrank und blätterte in den Listen. »Na schön, weil du es bist. Aber dann wird das nächste Jahr ausgespart! Sieh zu, daß du die Decke besser pflegst.« »Ich werde mir Mühe geben. Dankeschön. – Und dann läßt Mutti noch fragen, wie's mit einem Schein für Schuhe steht, für Rose. Die hat lange keinen bekommen.« Er räusperte sich und schnaubte aus. »Stimmt. Aber deine Mutter hat im Frühjahr einen geholt und du im vergangenen Herbst. Ihr müßt euch dran gewöhnen, daß die Familienzuteilung zählt. Jetzt haben wir September. Eure Rose kann im Februar kommen, da wird sich's, denk ich, machen lassen.«

»Soll sie bis dahin meine Schuhe tragen?«

Das war mir so rausgerutscht. Aber es war wohl zu viel, denn er sprang auf, klemmte die Daumen hinter die Hosenträger und musterte mich mit stechendem Blick. »Frecher Bengel. Unglaublich. Soll ich dir deinen Bezugsschein wieder wegnehmen? Ich darf das, verlaß dich drauf. Raus – ehe ich mich vergesse!«

Als ich auf der Straße stand, atmete ich auf. Das war noch mal gut gegangen. »Ich darf das, verlaß dich drauf.« Ja, der durfte das. Und noch viel mehr. Man mußte lernen, wer das Sagen hat. Und Rosenheim war noch nicht der Schlechteste.

Das mit der Front stimmte natürlich. Ob es besser war, im Winter die Räder mit ins Haus zu nehmen, wo es wärmer war? Ich nahm mir vor, es wenigstens mit meinem Rad zu probieren.

54

Zum dritten Mal durchbrach die JU 88 den Rand der riesigen Sommerwolke und setzte zum Sturzflug an. Das Singen der Motoren ebbte ab und wich, während sie hinabstieß, einem schrillen, pfeifenden Kreischen, das sich schmerzhaft in meine Ohren bohrte. Jetzt, dachte ich, wenn sie abgefangen wird, muß es aufhören. Aber der Schmerz hielt an, denn immer noch – und viel zu lange! – raste sie fast senkrecht auf die Erde zu. Ich schloß die Augen, riß sie wieder auf. Eine emporschießende Feuersäule blendete mich. Es krachte, kurz und dumpf. Danach eine knatternde Explosion, die lodernde Trümmerteile empor schleuderte.

Mein Gott: sie war abgestürzt. Der Rauchpilz, der hinter den Kropfweiden emporwuchs, verriet mir, wo es geschehen war. Ich rannte los, an den Gehöften von Frieses und Hajeks vorbei, sprang über Gräben und Drahtzäune, zwängte mich durch die Rickstangen. Ich keuchte, rang nach Luft, mir wurde schwarz von Augen. Dann stand ich in Sengers Koppel, neben dem Melkschuppen, keine hundert Meter von der Absturzstelle entfernt. Hier mußt du bleiben, fiel mir ein, es könnten noch Tanks in die Luft fliegen.

Weitflächig brannte es dort, wo die abgerissenen Tragflächen lagen, wo sich Motoren und Bugkanzel ins Erdreich gebohrt hatten, wo Treibstofflachen das Gras bedeckten. Nur der Heckteil der Maschine mit den Resten des Leitwerks ragte in den Himmel – wie eine winkende Hand. Die Hitze des Feuers schlug herüber. Ich wischte mir den Schweiß ab.

Als ich mich für einen Moment abwandte, fiel mein Blick plötzlich auf einen hellen weißen Fleck, der durchs Erlengebüsch schimmerte. Sekunden später stand ich vor einem unheimlichen Hügel. Dicht vor mir, unnatürlich abgeknickt, ein Hosenbein mit gefüttertem Fliegerstiefel, zerfetzt, der Schaft aufgerissen. Ein gelblicher Knochen, das Schienbein wohl, ragte hervor. Blutspritzer darauf, von Aasfliegen umschwirrt. Das andere Bein, der Leib, der Kopf – verhüllt unter glatter, glänzender Fallschirmseide. Der halbgeöffnete Verpackungssack hatte sie ausgestoßen. Ich beugte mich vor, streckte die Hand aus, zog sie wieder zurück. Nein, dachte ich, das mußt du nicht sehen. Hatte er noch versucht abzuspringen? Oder war er hinausgeschleudert worden, im Augenblick des Aufpralls?

Die Hupsignale der Flugplatzfeuerwehr zerrissen die Luft. Ich machte mich auf den Heimweg, betäubt, zerschlagen, traurig. Mindestens zwei Tote also. Krepiert, gestorben oder gefallen? Hatte der Pilot versagt? Weil er ohnmächtig wurde? War es ein Konstruktionsfehler – oder etwa Sabotage im Werk? Das gab's leider auch, verdammt noch mal.

Nach Papa der zweite Tote, den ich zu Gesicht bekam. Und wieder nicht auf natürliche Weise geendet. Es paßte zum Krieg: überall Tod durch Gewalt.

In der Nacht jagten mich wilde Träume. Den sonnigen Morgen fand ich widersinnig. Am liebsten hätte ich die Schule geschwänzt.

55

»Gestatten sie, daß ich rauche?« Mutti nickte. Der mit dem Ledermantel stellte die erste Frage: »Weißt du genau, wann das war?« Der andere, der einen Trenchcoat anhatte, saß auf der Chaiselongue, ließ die Augen über die Zimmereinrichtung gleiten und wippte mit den Schuhspitzen.

Ich mußte nicht lange überlegen. »Ja, genau. Ich kam aus der Stadt, von einem Nachhilfeschüler. Ich gebe Stunden in Englisch, verstehen sie. Um halb sechs war das zu Ende und dann bin ich gleich losgefahren. Vom Wollmarkt. Ich brauchte nicht mehr als fünfzehn, zwanzig Minuten bis zu der Stelle, also war es kurz vor sechs. Das weiß ich genau. Am Dienstag, vorige Woche.«

»Und wo war die Stelle?« »Zwischen der Hochspannungsleitung, wo die über die Straße geht, und dem Punkt, wo die Chaussee abzufallen beginnt. Genauer kann ich's nicht sagen.« »Gut. Und das Auto hielt also neben dir?« »Ja. Es kam vom Dorf her, blendete mich ziemlich stark, so daß ich langsamer fahren mußte, und dann schwenkte es vor mir halb in den Radweg hinein. Ich war ganz schön erschrocken, als der den Arm rausstreckte und mich zum Anhalten aufforderte.« »Wie viele saßen im Auto?« »Zwei. Der Fahrer, der mich ansprach, und neben ihm noch jemand. Hinten habe ich keinen gesehen.« »Beides Männer?« »Der Fahrer ja. Die andere Person konnte ich nicht erkennen. Dazu war's zu dunkel.« »Was hat der Fahrer gefragt?«

»Ich hab's mir akkurat gemerkt: ›Hör mal, mein Junge, kannst du uns nicht sagen, wo hier die Munitionsbunker sind? Du bist doch von hier, weißt also Bescheid.‹ Darauf ich: ›Keine Ahnung, weiß nichts von Bunkern.‹ Da wurde der schon ungeduldig und sagte: ›Aber klar, hier gibt's doch irgendwo Bunker der Wehrmacht, das weißt du ganz genau, mach mir nichts vor.‹ Ich habe mich aber dumm gestellt und gesagt, ich wisse nichts davon, weil ich noch nicht lange hier wohne.«

»Und was geschah dann?« »Nichts weiter. Der hat die Scheibe hochgedreht und ist losgefahren. Richtung Stadt. Sehr schnell.« Jetzt begann der andere zu fragen. »Wie sah der Fahrer aus?« Ich zögerte einen Augenblick, versuchte mir die Gestalt in Erinnerung zu rufen. »Schwer zu sagen. Es war dunkel, ich war noch geblendet. Er trug einen dunklen Mantel, vielleicht grau, hatte einen Hut auf, mit 'ner weichen Krempe, ins Gesicht gezogen. Ohne Bart. Ohne Brille. Unauffällig, mehr so ein Durchschnittstyp. Vielleicht vierzig Jahre. Schwer zu schätzen.«

»Und die Sprache – mit einem Akzent?« »Nein. Richtig deutsch. So, wie die Leute hier reden, kein anderer Dialekt. Hochdeutsch.« »Und die Automarke?« »Ein Opel Olympia, ganz klar. Bloß die Nummer konnt' ich nicht sehen. Eine alte Karre, am linken Kotflügel eingebeult. Ziemlich schäbig, das Ding, so weit ich sehen konnte.« »Gut. Danke, mein Junge.«

Die beiden erhoben sich, wie auf Kommando. Der mit dem Ledermantel kam auf mich zu, lächelte mich an. »Das war prima. Hervorragend, wie du dich verhalten hast. Bist ein Kerl, wie wir ihn brauchen! Hast begriffen, worauf es ankommt. Vielleicht waren das Spione oder Verräter, wer weiß. Hast uns sehr geholfen. Nochmals: Dankeschön. Und behalt das alles für dich, auch, daß wir dich befragt haben. Verstanden?!« Ich stand stramm und sagte: »Aber klar. Ist doch selbstverständlich.« Er schüttelte mir kräftig die Hand. »Das war ein Versprechen, fast wie ein Ehrenwort!« Ich nickte. Beide Männer drehten sich um, wandten sich Mutti zu und verbeugten sich leicht. »Heil Hitler!« – »Heil Hitler!«

Mutti begleitete sie hinaus. Kurz danach heulte ein Motor auf. Der Haustürriegel quietschte. Mutti kam zurück. »Das hätten wir hinter uns«, sagte sie erleichtert. »Bist du auch froh?«

»Ich war ganz schön durcheinander«, erwiderte ich, »warum hast du mir nicht vorher gesagt, worum es geht? Mich einfach zu rufen, und dann muß ich mich hinsetzen und aus heiterem Himmel solche Fragen beantworten – war das nötig?« Sie wurde nervös. »Versteh doch: sie hatten sich nicht angemeldet. Und worum es gehen sollte, haben sie ja gleich gesagt.«

»Woher wußten die eigentlich was davon? Die waren doch von der Kripo, stimmt's?« Mutti schüttelte bedeutungsvoll den Kopf und setzte sich in den Sessel vor dem Nähtisch. »Das stimmt nicht«, betonte sie, »sie waren von der Geheimen Staatspolizei! Wir dürfen auf keinen Fall darüber reden. Das haben sie mir draußen nochmals extra eingeschärft.«

»Gut, in Ordnung. Aber noch immer weiß ich nicht, wie sie davon Wind gekriegt haben!« Sie wurde ungeduldig. »Ist doch ganz egal. Ich hab's verschiedenen Leuten erzählt und irgendeiner muß es wohl gemeldet haben. Vielleicht der alte Scholl, der gehört doch zu den Wachleuten der Bunker. Aber ist ja auch gut so, man kann nie wissen, wofür. Daß es auch Saboteure gibt, wissen wir ja. Denk nur an den Munitionszug, der damals in die Luft flog und brannte, drüben, vor dem Gelben Berg. War das nicht schrecklich?«

Ja, ich erinnerte mich. – Also die Gestapo. Donnerwetter. »Hast begriffen, worauf es ankommt«, hatte er gesagt. Ein großes Lob. Eigentlich für nichts. Stimmte aber wohl nicht. Wenn sie die Feinde des Reiches jagten, mußten sie jeder Spur nachgehen. Wie seinerzeit im Falle Heydrich. Und wir mußten ihnen dabei helfen. Jeder von uns. War doch klar wie Kloßbrühe.

Schade, dachte ich, daß ich den Kumpels aus der Klasse nichts davon erzählen durfte. Harry, oder Horst, oder Schorsch.

56

Die Fahrräder hatten wir hinter uns zwischen Kusseln und Birkenstämmchen abgestellt und lagen nun bäuchlings im harten, struppigen Gras des Waldrandes, vor uns die abfallende Feldmark. Über den Stoppeln flimmerte die Herbstsonne, und ein lauer Westwind fächelte unsere Haare.

»Da vorne«, sagte ich und zeigte mit den Fingern auf eine Baumgruppe, »neben den Robinien, da stand die riesige Strohmiete. Wir alle oben drauf, in luftiger Höhe, stolz wie Schiffskapitäne. Und da zieht doch der Heiner eine Zigarre aus der Tasche, setzt sie in

Brand und fängt an zu rauchen. Erschrocken rufe ich: ›Mensch, bist du verrückt, hier, mitten im Stroh, zu rauchen?‹ Und er? Er erwidert ganz ruhig, von oben herab: ›Wirst sehen, ich kann's. Hinter meiner hohlen Hand gibt es eben keinen Funkenflug, verstehst du! Und die Asche kommt in die leere Brauseflasche.‹ Es funktionierte tatsächlich ohne Panne. Schließlich haben wir alle reihum an der Zigarre gezogen, bis sie zu Ende geraucht war.«

Marianne drehte sich auf die Seite. »Es war trotzdem riskant«, sagte sie vorwurfsvoll, »wie alt wart ihr eigentlich?« Ich mußte nachdenken. »Siegfried und ich, wir waren zehn; die meisten waren älter, Heiner war wohl vierzehn. Darum hatte er das Sagen, wie damals bei der Backhausaktion, die du schon kennst, und später bei der Sache mit dem Bunker und dem Schützengraben.«

»Was war das denn? Erzähl mal«, drängte Marianne, »das interessiert mich brennend!« Ich deutete nach links, hinüber zum Rand des Hochwaldes. »Dort haben wir Krieg gespielt. Es ging um die Verteidigung der Höhe ›Toter Mann‹. Gegen die Franzosen, damals im Weltkrieg. Unsere Truppe baute zuerst einen Bunker. Mit einer stabilen Decke aus Baumstämmen, oben drüber eine dicke Sandschicht und außerdem Moos, wegen der Tarnung. Die Wände wurden mit Faschinen abgestützt, weil sonst der Sandboden nachgerutscht wäre. Dann hoben wir einen langen Laufgraben aus, mannstief, hin zu einer Beobachter- und MG-Stellung, die zuletzt gebaut wurde. Mußten verdammt lange dran arbeiten, natürlich immer nur sonnabends und sonntags. Dann, eines schönen Tages, passierte was Schreckliches.«

»Ihr wurdet entdeckt!«, murmelte sie. Ich schüttelte den Kopf. »Also hat sich einer was getan. Ein Unfall?« »Beides nicht«, erwiderte ich, »es war ganz was anderes. Womit wir nicht rechnen konnten und trotzdem dran schuld waren. Stell dir vor: Eines Tages, wir waren fast fertig mit dem Buddeln, kommen wir hin und finden im Graben einen toten Rehbock. Er stank schon, war angefressen. Beim Sprung über das unerwartete Hindernis muß er sich das Genick oder ein Bein gebrochen haben. War dann hilflos, konnte sich nicht mehr rausrappeln. Ist verendet. Ein elender Tod!«

Marianne richtete sich auf. »Dann habt ihr ihn eingegraben«, sagte sie tonlos. »Ja, was sonst.« »Und habt weiter euren Krieg gespielt, als wäre nichts gewesen!« Ihre Stimme war lauter geworden. Der kritische Ton war nicht zu überhören.

»Nein«, sagte ich kleinlaut, »so war es nicht. Heiner wollte weiterspielen wie zuvor, aber wir anderen nicht. Wirklich, bitte glaub's mir! Es gab eine Auseinandersetzung. Achim und Heiner prügelten sich sogar. Das war das Ende unserer Truppe. Ich war froh darüber. Wochenlang wurde ich das Bild des toten Rehbocks nicht los.«

Wir schwiegen. Marianne lag auf dem Rücken, bedeckte ihre Augen mit dem rechten Unterarm. Wie sie auf meinen Bericht reagiert hatte, gefiel mir. Vor allem ihre Bestürzung, ihr Mitfühlen, bezogen auf den Todeskampf des Tieres. Weibisch? Überhaupt nicht. Wie aggressiv sie wurde – herrlich!

Ich nahm ihren Arm beiseite, beugte mich über ihr Gesicht und sah ihr in die Augen. Sie gab meinen Blick zurück und begann plötzlich zu lächeln. Wie schön sind diese braunen Augen unter den dunklen Haaren und Brauen, dachte ich. Ich beugte mich tiefer. Mir blieb keine Wahl. Ich schloß die Augen und preßte meinen Mund auf ihre Lippen.

57

Latein fiel aus; Klobe war plötzlich erkrankt. Was nun? – Studienrat Korn erschien, übernahm die Aufsicht und beorderte uns in den Zeichensaal. Dort saßen schon die Primaner an den vorderen Tischen und beäugten uns mißtrauisch. Ich drängelte mich in eine der hinteren Reihen hinein, um an die rechte Seite zu gelangen, weit weg von den Fenstern, durch die das grelle Sonnenlicht hereinbrannte.

»Ruhe jetzt!« Korn stützte sich auf den Sockel des staubigen Gipstorsos, kreuzte die Beine und warf seine graue Haarsträhne mit einem Ruck übers linke Ohr. »Ich zeige euch Lichtbilder. Von antiken Plastiken. Etwa zwanzig Minuten lang. Und erläutere sie. Dann stelle ich Fragen. Und will vernünftige Antworten hören! Ihr befindet euch also nicht in einem Kino, verstanden?! Bitte verdunkeln.« Die schweren Vorhänge schnurrten und ächzten. Korn hantierte am Bildwerfer. Endlich erschien das erste Bild auf der Leinwand, zunächst unscharf, dann mit klaren Konturen.

»Was sie hier sehen, ist die berühmte Statue des Speerträgers von Polyklet. Er ist neben Pheidias, den sie schon kennen, der bedeutendste Bildhauer des fünften Jahrhunderts. Er hat auch eine Theorie der Plastik geschaffen, die er in einer Schrift, dem ›Kanon‹, niederlegte. Der Speerträger ist ein leibhaftiges Abbild dieser Theorie. Diesbezüglich bitte ich, auf folgende Einzelheiten zu achten …«

Korns Palaver plätscherte durch den Raum. Es war heiß und sehr stickig. Alle schwitzten vor sich hin. Hinten spielten sie ›Seeschlacht‹, trotz der Dämmerung. Ich hörte geflüsterte Koordinatenangaben und ihre Wirkung. »B4« – »Kein Treffer.« »Und hier nun«, hörte ich Korn faseln, »hier nun der Schaber des Lysipp, griechisch: der Apoxyomonos. Beachten sie die völlig neue Auffassung der Figur im Raum. Ein erschöpfter, sich reinigender Athlet bietet sich uns dar …« Auch ich war erschöpft, durch Korns Sermon, durch die Nähe der heißen, stinkenden Körper meiner Nachbarn. »… und auch hier wieder die natürliche Manifestation der vitalen Nacktheit. Das Geschlecht des Schabers wird weder künstlich miniaturisiert noch hinter irgendwelchem Blattwerk verborgen.«

In die Stille hinein, die Korns Pause nach diesem Satz entstehen ließ, fiel plötzlich eine tiefe Schülerstimme: »Also handelt es sich nicht um Eichenlaubträger Schaber!« Ein, zwei Sekunden lang Schweigen – dann brach sich eine dröhnende Lachsalve an den Wänden des Zeichensaals, warf Wellen auf, die auch den letzten mitrissen.

»Licht an! Wer war das?« Die Birnen flammten auf. Geblendet schloß ich die Augen, öffnete sie wieder, beobachtete Korns Mundwinkel, Nasenflügel und Augen. Er lachte nicht, zog die Hand aus der Hosentasche und warf den Kopf zurück. »Feiges Pack. Nochmals: Wer war das? Sind sie mittlerweile schwerhörig?« Endlich stand ein schwarzhaariger Primaner auf. Ich kannte ihn, es war der beinharte Verteidiger der Handballmannschaft unserer Schule. Er senkte den Kopf, dann richtete er sich ruckartig auf. »Ich war's, Herr Studienrat.«

Korn näherte sich ihm katzenartig, mit unnatürlich kleinen Trippelschritten. Seine Stimme wurde beim Sprechen immer leiser: »Das ist unverschämt, einen Helden unseres Reiches auf diese Weise zu verunglimpfen. Einen Offizier, der nach seiner hohen Auszeichnung – Eichenlaub zum Ritterkreuz! – schon wieder an der Front ist, der vielleicht, Gott verhüte es, in dieser Stunde für uns alle sein Leben aushaucht. Dies von ihnen, Franke, einem Kriegsfreiwilligen und

Offiziersbewerber. Schämen sie sich ihrer jämmerlichen Unreife! Ich bin tief enttäuscht. Das kostet sie einen Tadel!«

In diesem Augenblick heulte draußen die Sirene auf. Hast und Gedrängel im Saal, auf Fluren und Treppen. Erst im Luftschutzkeller kamen alle zur Ruhe, suchten sich ihren Platz. Jeder hoffte, daß es auch an diesem Tage so blieb wie bisher: ohne Bomben, ohne Brände, ohne Tote. Endlich Entwarnung. Wir atmeten auf, kehrten ruhig, geordnet in unseren Klassenraum zurück. Und der Tadel für Franke? Fred sagte: »Der Korn vergißt nichts, darauf kannst du dich verlassen!«

Der letzte Tanz

58

Graues, stählernes, flammendes Jahr Dreiundvierzig. Stalingrad: Untergang der sechsten Armee. Berliner Sportpalast: »Wollt ihr den totalen Krieg?« Eine aufspringende, brüllende Menge: »Jaaa!« Mit jedem Tag wurde es härter, ernster und kälter.

Ein schummeriges, trübes Licht fiel durch die Fenster des Parkgarten-Saals. »Wir müssen zum Ende kommen, unwiderruflich«, sagte Herr Schier, der Tanzlehrer. Er legte die Schallplatte beiseite und richtete sich auf. »Sie wissen ja, warum wir unseren Lehrgang abbrechen müssen. Der Krieg fordert eben seinen Tribut. Tanzen – das paßt nicht mehr in die Zeit.« Er senkte den Blick und schwieg. Dann hob er wieder den Kopf und fragte: »Und was tanzen wir zu guter Letzt?« Damit mir keiner zuvorkam, rief ich blitzschnell und laut: »Einen langsamen Walzer!« Dessen schleppender, aber zugleich geschmeidig wiegender Rhythmus hatte mir immer schon gefallen. Frau Schier hantierte mit der Platte und dem Grammophon. Es knisterte und rauschte, dann ertönte die Musik: »Ich tanze mit dir in den Himmel hinein, in den siebenten Himmel der Liebe ...«.

Traudel erhob sich schon und lächelte mir zu, ehe ich dicht vor ihr stand. Sie war meine liebste Partnerin: federleicht schwebend erspürte sie in Sekundenschnelle, zu welcher Drehung ich sie führen wollte. Welches Mitgehen, welche Harmonie! Wie damals, als wir die ersten des Kurses waren, die den Wiener Walzer rechts- wie linksherum zu tanzen vermochten, ohne den geringsten Unterschied. Ein leichter, unaufdringlicher Eau-de-Cologne-Hauch mischte sich in den zarten Duft ihres Haares, als ich mich über sie beugte und flüsterte: »Schön, nicht?« »Wunderbar!«, sagte sie leise.

Ich mußte mir eingestehen, daß ich mit Marianne trotz unserer mittlerweile ziemlich langen Freundschaft nicht so gern tanzte. Sie fand nicht sofort in den Takt hinein, stolperte leicht und hatte ständig Angst davor, sich zu blamieren. So war ich manchmal sehr weit von ihr entfernt, wenn ich die Augen schloß, mich dem Schwung und Fluß der Tanzschritte hingab und nur mühselig zurückfand in das nüchterne Klima der Lehrstunde.

Mit Eva, die ich drüben unter der Bühne entlang tanzen sah, wäre es ein trauriges Finale geworden. Ihr scheues Wesen, ihre Einsilbigkeit, ihre ernste, oft bekümmerte Mimik hatten mich stets unsicher und hilflos gemacht. Wenn sie ihr schimmerndes dunkelgrünes Samtkleid trug, dessen Oberfläche sich beim Tanzen an meiner rechten Innenhand rieb, war ich verzückt und gehemmt zugleich. Gewiß, ihre pechschwarzen Haare schimmerten herrlich (ebenso wie ihre dunklen Augen, wenn sie zu mir aufschaute), ihr Lächeln gab bildhübsche Grübchen frei, sie hatte wohlgeformte Beine und Brüste ...; aber das alles half mir nicht weiter. Ich wußte nicht, wie man sie hätte aufschließen sollen. Sie blieb mir ein Fragezeichen.

Ich begleitete Traudel zurück zu ihrem Stuhl und half ihr in den Mantel. Wir verabschiedeten uns von Schiers mit warmer, ungespielter Herzlichkeit. Sie taten uns leid. Wovon sollten sie leben, wenn ihre Tanzschule geschlossen war? Als wir draußen waren, sagte Horst: »Da sie in Wittenberge wohnen, bleibt ihnen wohl nur das Singerwerk oder die Zellwolle. Auch angelernte Arbeitskräfte sind jetzt knapp.«

Für mich war es ein trister Heimweg. Ich hatte so gern getanzt! Nun gut, dachte ich, du kommst halbwegs mit Polka, Rheinländer, Schieber, Foxtrott und Walzer klar und mit dem Tango hast du angefangen. Irgendwann muß ja auch dieser Krieg zu Ende sein. Wenn du Glück hast und überstehst ihn, wirst du wieder tanzen können. Was hatte Mutti neulich gesagt? »Damals, gleich nach dem Krieg, in den Jahren neunzehn bis einundzwanzig, haben wir geschwoft wie die Verrückten!«

59

Wie grandios waren Beginn und Verlauf des Skikurses gewesen, und wie trübsinnig hatten wir am Abschiedsabend beisammen gesessen, weil nun alles unwiderruflich vorbei war. Die Gebirgsjäger hatten uns mit ihren Traditionsabzeichen beschenkt und jeder von uns war damit beschäftigt, diesen Edelweiß-Aufnäher am rechten Ärmel seiner Winterbluse zu befestigen. Eine Stunde emsigen Nähens, um den Katzenjammer zu besiegen!

Hauptmann Baumbach, der Betreuungsoffizier aller Prignitzer Reserveoffiziersbewerber, hatte uns Ende Januar zu einer letzten

Anleitung in seine Garnison, die Neuruppiner Panzerkaserne, beordert: »Ich war in den vergangenen Wochen mit der Organisation befaßt. Stellt euch vor: es klappt wirklich! Die Garmischer Gebirgsjäger geben euch Quartier, kleiden euch ein, stellen die Ausrüstung und einen Skilehrer! So weit mein Geschäft. Jetzt seid ihr dran. Es ist an euch, mich, eure Oberschulen und eure HJ-Einheiten nicht zu blamieren. Ihr fahrt als Preußen nach Bayern, deshalb erwarte ich Disziplin, Moral und Leistung! Ich wünsche euch Hals und Beinbruch!« »Danke, Herr Hauptmann!«, brüllten wir begeistert. Ein toller Typ war er, der Baumbach, kernig und knapp, wenn's sein mußte, aber immer auch besorgt um unser Wohl und kameradschaftlich.

Welche Wochen danach, trotz mancher Schindereien! Für die Mühen des Idiotenhügels entschädigte mich der Stolz, gemeinsam mit zwei Kameraden auf einem Teilstück der gewagten Kreuzeck-Piste abfahren zu dürfen, zaghaft und ängstlich, mit vielen Stürzen, aber zu guter Letzt doch mit heilen Knochen und darum zufrieden. Wir brachen auf zu herrlichen Wanderungen: in die Partnachklamm, wo uns der donnernde Gischt des herabstürzenden Wassers und die schaurig drohenden Felsüberhänge faszinierten; ferner hoch zur Zugspitze, die uns eine glänzende Fernsicht hinüber zu den Dolomiten und den Französischen Alpen bescherte; und endlich über das Eis des Eibsees, dessen glitzernde Schneedecke unter unseren Brettern knirschte. An einem Sonntag standen wir vor einem schloßartigen Haus mit riesigem schmiedeeisernen Tor. »Hier wohnt der Strauß, Richard, der Komponist«, sagte unser Skilehrer, »den kennt ihr doch wohl?« Er blickte mich an. Ich nickte: »Aber klar. ›Till Eulenspiegel‹, ›Rosenkavalier‹.« Mir fiel das Hauptthema des Walzers ein. Stundenlang ging es mir nicht aus dem Kopf.

Jetzt aber, mit der Heimreise, fiel diese musterhafte Welt unseres Alpen- und Skiwinters schlagartig in sich zusammen. Es begann in der Nacht vor der Abfahrt mit dem Fliegeralarm, dem ängstlichen Warten im Schutzraum der Kaserne, den schrecklichen Luftlagemeldungen aus dem Radio, die nüchtern und kalt schwere Angriffe im süddeutschen Raum Regensburg-Augsburg-München verkündeten. Es ging weiter mit stundenlangen Bahnfahrten, die wegen dauernden Haltens außerhalb von Bahnhöfen, dabei samt und sonders auf lauter Umleitungsstrecken, dem planlosen Herumirren in einem riesigen Labyrinth glichen. Bisher kannte ich Fronturlauberzüge nur vom Hörensagen; jetzt begegneten sie mir als ziemlich widerliche Reisevehikel: dreckig, stinkend, hoffnungslos überfüllt. So auch auf dem Bahnhof von Bayreuth. Ich drängelte mich durch die erstbeste Tür und arbeitete mich bis zur Mitte des Wagens vor. Alle Abteile waren belegt, zumeist von Chargen, die sich rekelten und mißmutig die Zusteiger musterten. Im Gang lagen und saßen die Landser. Einer rückte beiseite: »Komm, Junge, ist noch Platz für dich.« Ich hockte mich auf meinen Affen. Als ich pinkeln ging, sah ich, daß die Toilettentür offen stand. Sie war verkeilt von Tornistern, Rucksäcken, Koffern und Karabinern. »Zumachen geht nicht!«, schrie einer. Mit Ach und Krach zwängte ich Füße und Beine durch den Wust der Gepäckstücke und zielte in gebückter Haltung in das braungelbe Klobecken. Mittlerweile war ich hundemüde. Als es dunkel wurde, streckte ich mich auf dem Boden aus und versuchte zu schlafen. Daraus wurde nichts. Ich wurde angestoßen, beiseitegeschubst, auf die Hände und ins Gesicht getreten. »Jede Nacht ist das so«, sagte mein Nachbar, »bei mir ist es schon die dritte. Damit fängt der Urlaub an. Jedes Mal.«

Im Morgengrauen kamen wir in Magdeburg an, saßen im Wartesaal. Wann es Richtung Wittenberge weiterging, wußte niemand. Der Bahnbeamte zuckte mit den Schultern. »In der Nacht ist einfach zu viel zertöppert worden. Bahnhöfe, Gleise, Züge, Leitungen. Da sind wir überfordert.«

Auf dem Tisch Wurstpellen, Krümel, Bierlachen, halbleere Teetassen. Im Aschenbecher Dutzende von Zigarettenkippen und Zigarrenstummeln. Feine blaue Schwaden krochen durch den dämmerigen Raum. Der Fußboden starrte vor Schmutz. Mir gegenüber saß ein älterer Obergefreiter, abgezehrt, unrasiert, mit schwarzen Fingernägeln und schmuddeliger Uniform. Er stützte sich auf seinen Karabiner, hielt den Kopf gesenkt. Von Zeit zu Zeit holte er ganz tief Luft und stöhnte auf. »Ist ihnen nicht gut?«, fragte ich, »kann ich ihnen irgendwie helfen?« Er hob den Kopf und starrte mich mit leerem Blick an. »Mir braucht keiner zu helfen. Mir kann keiner helfen.« Und plötzlich, während er seinen Oberkörper über den Tisch schob, flüsterte er: »Uns allen, Kumpel, dir wie mir, kann keiner mehr helfen. Ist alles verloren. Kannst du mir glauben.«

Das konnte ich so bald nicht vergessen. Alles verloren? Was denn, die Lust zu kämpfen, der Mut dazu, oder der ganze Krieg? Mutti meinte: »Er hat eben schon viel durchgemacht. Kälte, Hunger,

Dreck, gefallene Kameraden. Da kann es schon mal vorkommen, daß man verzweifelt. Das gibt sich wieder. Ich kenne das aus dem Weltkrieg. Papa hat öfter davon erzählt.«

60

Wir bogen in die Ludendorffstraße ein. Ich hatte die Koffer auf dem Gepäckträger festgezurrt und schob das Rad langsam vor mir her. Ab und an blieb ich stehen, um uns eine Atempause zu ermöglichen, denn es war entsetzlich heiß und stickig. Ich öffnete den obersten Knopf des Braunhemds und lockerte den Lederknoten. Meine erschöpften Weggenossen tupften sich das Gesicht ab.

Schließlich standen wir vor dem Haus und wenig später vor der Wohnungstür. Ich zog den Einweisungsbescheid aus der Tasche und klingelte. »Setzen sie sich doch auf die Treppe«, sagte ich zu den beiden Alten. Ächzend hockten sie sich hin. Wieder drückte ich auf den Knopf, ließ es lange läuten. Endlich hörte ich Schritte. Die Tür wurde einen Spalt weit, dann vollständig geöffnet, eine blonde, frisch frisierte junge Frau stand vor mir. Sie musterte uns mißtrauisch und runzelte die Stirn. »Ja bitte, worum geht's denn?« Ich klappte die Hacken zusammen und spulte zum fünften Mal an diesem Sonntag mein Sprüchlein ab: »Heil Hitler! Ich habe den Auftrag, sie dringend zu ersuchen, zwei bombengeschädigte Hamburger Bürger für unbestimmte Zeit in ihrer Wohnung unterzubringen.«

Ich hielt ihr den Brief hin – umsonst. Sie nahm die Hände auf den Rücken, schüttelte den Kopf und sagte ärgerlich: »Das geht nicht, auf keinen Fall! Mein Mann kommt morgen von der Front auf Urlaub, da brauchen wir die Wohnung für uns. Das tut mir sehr leid ...« Ich war empört. So haben wir nicht gewettet, dachte ich und konterte: »Aber wenn ich nicht irre, haben sie doch drei Zimmer. Stimmt's?« Ich warf den Kopf in den Nacken und sah sie herausfordernd an. Wieder schüttelte sie den Kopf. »Das stimmt zwar, aber schließlich ist mein Mann Offizier! Bedeutet das gar nichts? Das verstehst du doch wohl bei deinem Dienstrang – oder etwa nicht?«

Ich spürte, wie Erregung in mir aufstieg. Mit gesenkter Stimme und betont langsam sagte ich: »Das verstehe ich schon, gnädige

Frau. Aber die beiden Volksgenossen hinter mir sind ausgebombt. Wenn sie nicht wissen, was das bedeutet, fragen sie bitte ihren Gatten, der weiß das sicherlich. Und noch etwas: Die Behörde, die mich geschickt hat, dürfte wenig Verständnis für ihre Weigerung haben. Denken sie bitte an mögliche Nachspiele!«

Wie herrlich das war, plötzlich Macht zu besitzen, ohne Hemmungen drohen zu dürfen, dieser arroganten Schnepfe zeigen zu können, wer hier und heute das Sagen hatte – und das in meinem Alter. Klasse! Das konnte einen schon entschädigen für den tage- und nächtelangen Einsatz nach den scheußlichen Terrorangriffen.

Sie senkte den Kopf, strich sich übers Haar, biß auf die Unterlippe. Dann richtete sie sich auf, warf mir einen wütenden Blick zu, schob mich plötzlich beiseite und wandte sich den Alten zu, die ratlos und schweigend zugehört hatten. »Gut, geht in Ordnung«, murmelte sie, »kommen sie rein.« Sie drehte sich um und stapfte durch die weit geöffnete Tür. Ich folgte ihr mit den Koffern, schob die verängstigten Flüchtlinge in die Diele und legte die Einweisung auf die Flurgarderobe. »Ich wünsche ihnen trotzdem alles Gute«, rief ich den beiden zu, »wenn es Probleme geben sollte, melden sie das dem Roten Kreuz, verstanden!« Sie nickten nur, schüttelten mir die Hand und folgten der jungen Frau in die Küche.

Ich war froh, als ich wieder auf der Straße stand. Du liebe Zeit, dachte ich, was gibt es doch für miese Zeitgenossen! In der Sammelstelle auf dem Marktplatz erzählte ich den Mädchen und Kameraden, was mir passiert war. Dörte, die gerade beim Stullenschmieren war, legte ihr Messer beiseite. »Solche Typen müßte man aus der Wohnung schmeißen«, schimpfte sie, »ohne Erbarmen! Und dann zum Aufräumen nach Hamburg schicken!«

61

Sterben und Tod, Särge und Gräber, Kränze und Trauer – seit wann kannte ich Ereignisse und Empfindungen, die mit diesen Wörtern verbunden sind?

Großvater und Opa waren meine ersten Toten. Dann kamen Papa und der Flieger unter dem Fallschirm. Und ganz zuletzt, es war noch gar nicht lange her, der aus dem Lager geflohene, aufgespürte und verfolgte Rotarmist, den der Gendarm im Kornfeld erschossen hatte. »Er ist nicht gleich stehengeblieben, da hab ich eben abgedrückt.« Auf den Bohlen des holpernden Ackerwagens wurde sein blutiger Kopf hin- und hergeschleudert.

Als der Krieg sich Jahr um Jahr hinzog, begann ich über dieses düstere Thema nachzudenken und fand Unterschiede heraus. Es gab also das alltägliche Sterben – wegen eines unheilbaren Leidens oder nach schwerem Unfall oder einfach aus Altersgründen. Als etwas anderes mußte der absichtlich herbeigeführte Tod gelten, zum Beispiel eines Verbrechers oder eines Kriegsfeindes. Aber von beiden Formen völlig verschieden war der ehrenvolle heldische Tod unserer opferbereiten Frontsoldaten. Das geduldige Ertragen unerforschlichen Grams einerseits und die von der Volksgemeinschaft gestützte stolze Trauer über einen Gefallenen andererseits – welche Gefühle hätten gegensätzlicher sein können als diese?

Wenn ich die Todesanzeigen mit dem Symbol des Eisernen Kreuzes in den ›Prignitzer Nachrichten‹ las, war ich für einen kurzen Moment erschüttert. Dann aber riß ich mich zusammen, ermahnte mich, trotz meiner Jugend nicht weibisch zu werden und spürte plötzlich die Verpflichtung, erhobenen Hauptes ehrfürchtig zu sein.

In der Schule gab es eine neue Feierserie. Im Vestibül, dicht vor der Gedenktafel für die Weltkriegsgefallenen zwischen Vierzehn und Achtzehn, traten wir morgens an. In der Mitte unseres Karrees saß das Lehrer-Streichquartett und intonierte ›Wenn alle untreu werden …‹. Dann verlas Direx Berthold die Namen von Schülern und fügte mit heiserer Stimme hinzu: »Sie sind in den letzten drei Monaten auf dem Felde der Ehre geblieben. Wir verneigen uns vor ihnen.« Wenn ich sie gekannt hatte, würgte es mich im Hals und ich mußte ausschnauben. Zum Schluß erklangen das Deutschland- und Horst-Wessel-Lied. Mit erhobener Rechten sangen alle mit. Ich richtete mich auf und biß die Zähne zusammen. Irgendwann, dachte ich, werden alle diese Toten gerächt sein. Da war ich mir sicher.

Vor zwei Jahren am zehnten März: Heldengedenktag. Unser Fähnlein hatte sich auf dem Schlieffenplatz aufgestellt, in der großen Wiesenmulde vor dem Heldenhain mit dem Walhall-Denkmal, mitten unter Soldaten, SA- und SS-Männern, Arbeitsdienstlern und Hitlerjungen. Ich war stolz wie nie zuvor, denn ich stand in der ersten Reihe – als Fahnenträger! Sturmführer Hartmann trat ans

Mikrofon und begann seine Feierrede. Eindringliche, markige Sätze hallten über den Platz, wurden vom aufkommenden Wind zerfetzt und verschluckt. Nur der Schluß war gut zu verstehen: »Und was verkündet unser großer Dichter aus Weimar? ›Und setzet ihr nicht das Leben ein, nie wird euch das Leben gewonnen sein!‹« Das kannte ich von Papa. Schiller! Ich hätte es singen können. Endlich kam der ersehnte Befehl: »Senkt die Fahnen!« Ganz langsam, gemeinsam mit allen anderen Fahnenträgern, neigte ich den Schaft mit dem schwarzen Bundschuhbanner.[4] Welch eine erhabene Stille! Dann der Trauermarsch, getragen, weihevoll. Ich spürte, wie mein Herz schneller schlug. Zum Schluß, vor den Nationalhymnen, sangen alle: »Ich hatt' einen Kameraden …«.

Wie viele Lieder, die zum HJ-Dienst und zu den Schulfeiern gehörten, ehrten den Opfertod im Kriege?! Eins davon, »Nun laßt die Fahnen fliegen …«, das mir wegen seiner schmissigen Melodie schon immer gefallen hatte, ermahnte uns in seiner zweiten Strophe sehr eindringlich: »Denn mögen wir auch fallen, wie ein Dom steht unser Staat. Ein Volk hat hundert Ernten und geht hundertmal zur Saat.« Das klang mir wie ein Gebet.

Der Weg von den Liedern zu Gedichten und Texten ähnlichen Inhalts war kurz. Im Deutschunterricht begegnete mir Hölderlin: »Umsonst zu sterben, lieb ich nicht, doch lieb ich, zu fallen am Opferhügel fürs Vaterland, zu bluten des Herzens Blut fürs Vaterland … Lebe droben, oh Vaterland und zähle nicht die Toten! Dir ist, Liebes! nicht einer zu viel gefallen.« Bei Günther, unserem Geschichtslehrer (und zugleich Bannführer), lernten wir Perikles' Rede auf die Gefallenen des Peloponnesischen Krieges kennen, in der es an einer Stelle heißt: »Denn schmerzlicher ist für einen Mann von Stolz das durch Feigheit verschuldete Elend als der Tod, den er nicht spürt, wenn er ihn mitten im Hochgefühl der Kraft und der völkischen Hoffnung erreicht.« Walter Flex' Kriegsnovelle ›Der Wanderer zwischen beiden Welten‹ versetzte mich zurück an die Ostfront des kaiserlichen Heeres. Mit Inbrunst vertiefte ich mich in Aussagen, Deutungen und Gebote dieser faszinierenden Erzählung: »Leutnantsdienst tun heißt seinen Leuten vorleben …, das Vorsterben ist dann wohl einmal ein Teil davon« … »Der Gedanke

4 Das Bundschuhsymbol war den Fahnen der Aufständischen im Bauernkrieg entlehnt.

an den Heldentod eines Volkes ist nicht schrecklicher als der an den Schwerttod eines Menschen« ... »Einen echten und rechten Sturmangriff zu erleben, das muß schön sein. Man erlebt vielleicht nur einen« ... »Großen Seelen ist der Tod das größte Erleben.«

Wäre ich wohl fähig, überlegte ich, eine solche ›große Seele‹ zu werden? – Ich fand keine Antwort. Es blieb nur, mir mit aller Willenskraft vorzunehmen, niemals weich, zaghaft und feige zu sein, wann und wo auch immer.

62

Der vierte Wurf mit der Keule hatte gesessen! Freilich mußte ich noch bangen, bis Ulli seinen letzten Versuch hinter sich hatte, aber der war zum Glück ungültig. Vierundsechzig-achtundzwanzig meine Siegerweite. Ich atmete auf, nahm die Glückwünsche der Konkurrenten entgegen und winkte hinüber zu den klatschenden Zuschauern. Marianne schwenkte ihr Taschentuch. »Danke, danke!«, rief ich.

Eine halbe Stunde später das Diskuswerfen. Es war die zweite Disziplin, bei der ich die Endrunde erreicht hatte. Würde sich das aufwendige Training auszahlen?

Du liebe Zeit, wochenlang war ich zuhause mit dem Diskus spazieren gegangen. Schurig, unser Sportlehrer, hatte es mir empfohlen: »Ab und zu ein Wurf, dann die Scheibe von einer Hand in die andere wandern lassen, sie hochwerfen, auffangen, wieder hochwerfen, auffangen, dann ein Wurf – und so weiter. Du verstehst, was ich meine? Gut. Mußt dich eben an das Gewicht des Gerätes gewöhnen, mußt mit dem Diskus spielen wie mit einem Ball. Wirst sehen, er wird immer leichter! Hast doch Talent dafür, vor allem das nötige Körpergefühl bei der Drehung. Wink nicht ab! Sicher, andere sind viel kräftiger als du. Das macht nichts, denn du gleichst das mit Technik aus, verlaß dich drauf. Ran, Junge! Paß auf, Diskuswerfen wird dir Spaß machen. Ich weiß das. Kenn dich doch.«

Er hatte Recht gehabt: es machte mir schließlich Spaß. Oft dachte ich an Gisela Mauermayer[5], wenn ich mich abquälte, wenn

5 Gisela Mauermayer gewann 1936 in Berlin eine goldene Olympiamedaille im Diskuswerfen.

ich am Drehschwung, am Wurfwinkel feilte – mit dem Wind, gegen den Wind, bei Seitenwind, wenn ich die schlotternde, abtrudelnde Scheibe verfluchte oder mich über zwei, drei korrekte Würfe über die fünfunddreißig Meter freute. Ja, es stimmte schon: ohne Fleiß kein Preis.

Jetzt ging's um die Wurscht! Und die hing hoch, nicht bloß wegen der Konkurrenz. Denn es blies ein böiger Seitenwind von links. Also galt's, nach links zu ziehen, damit das Ding nicht nach rechts abdriftete. Alle hatten ihre Schwierigkeiten damit. Der Diskus richtete sich steil auf und fiel wie ein Stein herunter. Wie nur ihn zum Segeln bringen? Ich konnte mich nur mit Mühe im Ring halten, zweimal riß mich der Schwung über die Umgrenzung hinaus. Ungültig. Verdammte Tat! Und so viele Zuschauer, weil es der letzte Wettkampf war, der noch lief. Gefährlich nahe kamen sie heran, überschritten schon die Markierung des Wurfsektors. Die lustlos agierenden Ordner hatten Mühe, sie zurückzudrängen.

Mein fünfter Wurf. Die Kreide verreiben, die Finger anhauchen. Erster Armschwung, zweiter Armschwung, jetzt in die halbe Hocke, Drehung – und raus das Ding! Nein, verdammt, zu früh, zu früh! Der Diskus flog nach rechts hinaus, flatterte – mein Gott! – über den Köpfen der Zuschauer, die aufbrüllten, in Bewegung gerieten, sich wegduckten. Dann schlug er ein, dicht hinter dem Rand des Menschenknäuels …

Ich stand wie angewurzelt im Wurfring, starrte hinüber. Das Schreien der Leute betäubte meine Ohren, ich begann zu schwanken. Endlich die Sanis mit der Trage, registrierte ich. Mein Herz raste. In mir eine Stimme: Du bist es gewesen, jawohl, du! Wenn der Diskus einen Kopf getroffen hat, dann …? Ein tiefes Summen. Dann lief ich los, hellwach und benommen zugleich, drängelte mich durch die aufgescheuchte Menge.

Im Sanizelt lag sie. Ein Mädchen oder eine junge Frau. Etwa achtzehn, zwanzig, schätzte ich. Sie drehte den Kopf weg, stöhnte, bäumte sich auf, während die Sanis eine Decke unter ihren Beinen ausbreiteten, ihr die Schuhe auszogen und den Faltenrock hochklappten. Glück im Unglück: es war der Oberschenkel. Ein riesiger blauroter Bluterguß, der sich beim Betrachten auszuweiten schien und nach außen hin eine deutliche Spitze bildete. Also war die Scheibe mit der Kante aufgeschlagen!

»Du warst es also«, sagte der Sani mürrisch. »Hast Schwein gehabt. Hätte schlimmer kommen können. Aber vielleicht ist der Knochen angeknackt. Die hat nicht viel drauf oben. Müssen sie im Krankenhaus feststellen.« Ich trat ans Kopfende der Trage und streckte meine Hand aus. »Entschuldigen sie bitte. Natürlich wollte ich sie nicht treffen. Es lag am blöden Wind. Seitenwind, wissen sie, der den Diskus wegtreibt. Unkontrollierbar. Ich würde ihnen gern helfen, aber wie? Lassen die Schmerzen nach?« Ich war unsicher, ärgerte mich, weil ich nicht die passenden Worte fand. Sie blickte immer noch weg, fixierte die Zeltwand, antwortete nicht. Ihre Hand lag drucklos auf der Decke, kam mir nicht entgegen.

Plötzlich Bewegung am Eingang. Ein Uniformierter schob die Sanis beiseite, kam auf mich zu und packte mich am Oberarm. Schwingen auf den Kragenspiegeln, Litzen auf den Schulterklappen. Einer vom Flugplatz also, ein Schlipssoldat.[6] Unteroffizier. »Du hast geworfen, stimmt's?«, zischte er. »Es stimmt«, erwiderte ich, zwang mich zur Ruhe. »Da hab ich endlich mal Ausgang und du schmeißt mir die Freundin kaputt. Das wirst du mir büßen!« Er holte zum Schlag aus, aber die Sanis fielen ihm in den Arm, ehe ich meine Fäuste zur Deckung hochgerissen hatte.

»Es tut mir leid«, sagte ich, »absichtlich habe ich es doch nicht getan. Der Seitenwind hat die Scheibe weggedrückt. Und daß sie die Absperrung nicht beachtet haben, dafür kann ich beim besten Willen nicht.« »Dämlicher Hund!«, schrie er mich an, »wenn du's nicht gelernt hast, das Werfen mit so 'nem Ding, laß die Finger davon. Deinen Namen möcht' ich wissen!«

Ich kochte innerlich, ließ es mir aber nicht anmerken. Wortlos schob ich ihn mit dem Ellenbogen beiseite und ging hinaus, ganz langsam. Ich wartete auf seinen Angriff, um dann zurückzuschlagen. Der blieb jedoch aus. Er fluchte unflätig hinter mir her, folgte mir aber nicht.

Draußen stieß ich auf Harry, der am Vormittag die Vierhundertmeter gewonnen hatte. Er drückte mir die Hand. »Zunächst meinen Glückwunsch zum Sieg! – Und nun zu dem Idioten da. Das war gut, ihn einfach stehen zu lassen. Du bist im Recht, ohne Abstriche. Sie waren selbst dran schuld, die beiden. Hätten eben

6 Die Luftwaffenangehörigen wurden »Schlipssoldaten« genannt, weil nur sie Krawattenträger waren.

den Ordnern gehorchen müssen.« »Trotzdem«, sagte ich, »vielleicht fahr ich noch zum Krankenhaus.« »Bist du normal? Kein Mitleid an der falschen Stelle! Überleg mal: Wenn sie mit so einem liiert ist, was kann da mit ihr los sein? Nein, mein Lieber, das lohnt sich nicht. Und vom Sterben ist sie ja weit entfernt.«

Das stimmt, dachte ich, Sentimentalität mußt du dir abgewöhnen, die Zeiten sind nicht danach. Jetzt gilt: gelobt sei, was hart macht. Mir fiel wieder der Wettkampf ein. »Sag mal, Harry, wer hat eigentlich gewonnen?« »Der Havelberger. Im letzten Versuch. So um die dreiundvierzig.« »Donnerwetter, nicht schlecht. Der war wohl heute nicht zu schlagen, egal, bei welchem Wind.«

Die Siegerehrung entschädigte mich. ›Dem Bannmeister 1943 im Keulenweitwurf‹, so stand es, fein geschrieben und sorgfältig gesiegelt, mit der Unterschrift des Bannführers abgesegnet, auf der Titelseite des Buches, das er mir überreichte. Günter Prien, ›Mein Weg nach Scapa Flow‹. Sehr schön. Ich kannte es noch nicht, hatte aber schon lange dran gedacht, es mir von Fred zu borgen. Das war nun nicht mehr nötig.

»Da werden wir also zu den Gebietsmeisterschaften fahren«, sagte Harry, »nach Frankfurt.« »Und wann?«, fragte ich. »Ende Juli, soviel ich weiß.« »Das heißt nichts anderes als: feste trainieren.« »Was sonst?«, sagte er. Ich stieg aufs Rad und reichte ihm die Hand. »Tschüs, Harry, sei mir nicht bös, aber ich bin noch mit Marianne verabredet.« Er lachte. »Aber klar, Schiddi, das geht vor. Mach's gut!« Er schob mich an und winkte mir nach.

53

Wieder einmal wurden wir dazu verdonnert, in der Aula den Werbevortrag irgendeines Offiziers über uns ergehen zu lassen. Horst hatte argumentiert: »Aber was soll das? Wir alle sind ohne Ausnahme Kriegsfreiwillige.« Klobe war glashart geblieben: »Befehl ist Befehl. Beschwert euch beim Direktor, wenn's euch nicht paßt!«

Ein vierschrötiger, hochdekorierter Sturmbannführer der SS-Division ›Das Reich‹ stand wippend und gestikulierend auf dem Rednerpult. Mit schnarrender, eintöniger Stimme erinnerte er an den fanatischen Patriotismus der Waffen-SS-Verbände, an ihre todesmutigen Einsätze mit sehr hohen Verlusten. »Ich ersuche euch deshalb ganz dringend, uns zu unterstützen!« Seine abgehackten Sätze prasselten wie Hagelkörner auf uns herab. Das klang nicht wie eine Bitte. Weiß Gott nicht.

Seine Stimme, seine Mimik und Gestik, sein ganzes Getue weckten unwillkürlich Erinnerungen. Und keine guten! Mir fielen die niederen SS-Chargen der Gebietsführerschule Cottbus ein, die mir und anderen HJ-Führern ein Jahr zuvor eine vormilitärische Ausbildung verpaßt hatten. Sie waren zwar schwer kriegsverletzt, aber dennoch widerliche Angeber, Kommandierer und Schleifer gewesen, denen ich am liebsten einen Schwinger verpaßt hätte. Wie froh war ich damals, als die ekelhaften Ausschläge am Bein der Ichtholan-Salbe widerstanden und meine Entlassung und Heimkehr erzwangen!

Ich wandte mich wieder dem Redner zu. Was war denn das? Jetzt versuchte er doch tatsächlich, uns auf eine ganz primitive Art zu ködern. »Ihr werdet es nicht wissen«, rief er, »aber es ist so, glaubt es mir: bei uns, in unseren Einheiten, sind die Kompanien und Bataillone, was Waffen und sogar Verpflegung anbelangt, fast doppelt so gut ausgestattet wie die Wehrmacht! Als Lohn für die Leistung.« Er nickte wie ein Stehaufmännchen. »Jawohl, für die Leistung!«

Hinter mir flüsterte jemand: »Was für 'ne miese Type – mit dieser Masche die Wehrmacht schlecht machen. Pfui Deibel!« Er hat recht, dachte ich. Wenn's stimmte, war eine solche Ungerechtigkeit niederträchtig und schuftig.

Als der Vortrag zu Ende war, mußte sich unsere Klasse vor dem Rednerpult aufstellen. Gemeinsam mit seinem Adjutanten schritt der Sturmbannführer die Reihe ab. Vor mir blieb er stehen. Ein Frage-Antwort-Spiel begann. »Wie groß?« »Einsachtzig.« »HJ-Führer?« »Jawohl.« »Und blond, blauäugig, schlank. Na also; der richtige Kerl für die Leibstandarte! Wie wär's damit?« »Geht nicht. Habe mich schon freiwillig gemeldet. Bin also gebunden.« »Wo bist du gebunden?« »Bei der Wehrmacht. Infanterie.« »Infanterie? Das läßt sich ändern. Das machen wir rückgängig. Kannst sicher sein: wir schaffen das!« »Ich will aber nicht!« »Was, du willst nicht? Warum nicht?« »Ich fühle mich gebunden. Meine Meldung damals war ein Versprechen. Wie ein Ehrenwort!«

Sein Blick durchbohrte mich. Er schüttelte den Kopf. »Na so was, da will einer nicht zur Leibstandarte. Unglaublich. Na gut, wenn du meinst …« Wieder blickte er mich mit stechenden Augen an. »Die SS kann keinen gebrauchen, der nicht von sich aus zu ihr kommt.« Er wandte sich ab, schritt weiter. Ich atmete auf.

Alles ging aus wie's Hornberger Schießen. Niemand von uns war herumzukriegen. Es blieb dabei: Benno Vieweg, der sich im vergangenen Jahr so entschieden hatte, war der einzige SS-Freiwillige unserer Klasse. Wir fanden das damals seltsam, ließen ihn aber in Ruhe. Er mußte es ja wissen. Vielleicht stand sein Vater dahinter, mein Klassenlehrer aus der Volksschule. Zu dem, so schien mir, könnte es passen.

Schon lange stand für mich fest: Dem Reich die Stange halten, dem Führer vertrauen, Deutschland verteidigen helfen – das war nicht gleichbedeutend mit dem Ja-Sagen zur SS. Zum Beispiel ›Der Stürmer‹, der auf dem Markt in einem Schaukasten aushing, war für mich ein unappetitliches, abstoßendes Blatt. »Das würde ich nicht mit der Feuerzange anfassen«, hatte Papa schon vor Jahren gesagt.

64

Die Seitentür der Aula öffnete sich. Vier Männer im Frack, ihre Instrumente unter dem Arm oder in der Hand, betraten das Podium und verbeugten sich. Begrüßungsbeifall, kurz, verhalten, nicht mehr als höflich. Das Klatschen brach jäh ab, als die Musiker auf den Stühlen Platz nahmen und der zweite Geiger die Noten verteilte.

Daß ich dies erleben durfte: das berühmte Stroß-Quartett. In einer Kleinstadt und mitten im Krieg! Der Cellist spannte den Bogen nach, der Bratscher rückte sein Pult zurecht. Stille. Ich wandte mich zur Seite und wünschte, daß Marianne mich anblickt. Aber sie tat es nicht, sondern hielt den Kopf gesenkt, schaute auf ihre Finger, die ein Taschentuch auffalteten. Wenn jetzt die Sirenen aufheulen würden – es wäre nicht auszudenken!

Professor Stroß lehnte sich zurück, hob die Geige an, setzte den Bogen auf. Ein prüfender Blick von einem zum andern. Sie nickten sich zu, ganz leicht, nur angedeutet. Die Geigen begannen, stimmten eine zögernde, unentschlossene Melodie an, die sich mühsam in Halbtonschritten aufwärts tastete. Dann fiel die Bratsche ein, mit einem dunklen, vibrierenden Gegengesang. Zuletzt, spät erst, das

Cello: ein dumpf klopfendes Pizzikato, das sich gegen den Rhythmus der anderen zu behaupten versuchte. Es war, als müßten sich die Musiker erst finden zu einhelligem Zusammenspiel.

Die Stimmen der Instrumente schmiegten sich in den warmen Schein der Stehlampe ein, der die Männer wie ein Schleier einhüllte. Welch ein Gemälde: Der hellgelbe Lichtkern, der sich randlos nach außen verlor und mit dem Samtvorhang der Fensterfront verschmolz, darunter die sich wiegenden Gestalten der Spieler und das weiße Hin und Her ihrer Frackwesten, das den dunklen Untergrund des Bildes aufhellte und schwanken ließ. Und welch ein fröhliches Singen nun, endlich, da sich die Musiker nach dem Willen des Komponisten einig geworden waren. Das Cello brummelte und nörgelte vor sich hin, die Bratsche beschwichtigte, die Geigen gaben sich geschwätzig in ihrem munter dahinplätschernden Zwiegespräch, sie lachten und kicherten. – Herrlich! Ein richtiger runder, sich einschmeichelnder Haydn! Vielleicht die musikalische Beschreibung einer Hofballszene? So ähnlich wie in Webers ›Aufforderung zum Tanz‹? Konnte sein, mußte es aber keineswegs. Auch diese Musik war ja mehrdeutig und ließ die Fantasie spazieren gehen. Wieder flehte ich: Hoffentlich dürfen die Sirenen weiterschlafen!

Ich lehnte mich zurück, schloß die Augen. Traumhaft. Einmalig schön. Ganz anders als im Radio. Diese durchsichtige Reinheit im Miteinander und Gegeneinander der Stimmen. Wie man's verfolgen konnte, auftrieseln, wieder zusammenfügen! Keine Mogeleien. Nichts wurde untergemuschelt wie im brausenden Wogen mancher sinfonischen Dichtungen, mit dem ein Riesenorchester alle Feinheiten zermalmte. Als ich die Augen wieder aufschlug, nahm die Klarheit noch zu: Welche genauen Einsätze, gemeinsam oder nacheinander, wie einheitlich das Mitgehen der Spieler, wenn sie sich beim Forte nach vorn warfen und beim Piano zurücknahmen …

Jetzt Mozart. Eins der Haydn-Quartette. Das in d-Moll. – Ich war verblüfft. Einen solchen Mozart hatte ich nicht erwartet! An der Tonart allein konnte es doch nicht liegen. Dieser Ernst, diese Trauer. Abgrundtief. Mühseliges Sichtrösten im Andante. Ein trotzig aufstampfendes Menuett. Wer könnte hier an Tanzen denken? Das Trio wie ein Anflug von Galgenhumor. Und das Final-Allegretto, schrecklich: Die Versuche des Aufbäumens gegen irgendetwas Dunkles, versteckt in Variationen, die mir allesamt keine Entlastung bescherten. Ich spürte, wie sich meine Augen mit

Tränen füllten. Marianne atmete tief, schnaubte aus. Ich faßte nach ihrer Hand. Sie hielt ganz still.

Nach kurzer Pause, die kein Aufstehen und Umhergehen zuließ, das letzte Quartett des Abends. Schubert: ›Der Tod und das Mädchen‹. – Eine beklemmende Düsternis. Bangen und Zittern. Angst, riesige Angst. Das Atmen fiel mir schwer, die Brust war wie eingeschnürt. Jetzt begriff ich, warum der dunkle Mozart in das Programm geraten war, nämlich als ausgedehnte Einleitung zu diesem späten Schubert-Quartett! Schneidende Disharmonien schmerzten im Ohr. Trostversuche da und dort – vergeblich. Sie kamen nicht auf gegen die übermächtige Finsternis, die sie jäh zurückstieß.

Die Angst des Mädchens vor dem Tod, dachte ich, und dessen lügnerische Beteuerungen, milde und sanft zu ihr zu sein, diese Aussagen des Claudius-Gedichts allein konnte Schubert ja wohl nicht im Auge gehabt haben. Mir schien es mehr zu sein. Vielleicht seine Philosophie des Todes? Mir kam es vor wie eine Rede über die Notwendigkeit des Sterbens, wie ein Ja-Sagen zum Tode. War dann Wehklagen erlaubt oder verboten?

Die Antwort auf diese Frage entnahm ich dem letzten Satz. Da warf einer den Kopf zurück, kämpfte gegen die Verzweiflung, beugte sich nicht, widerstand dem Impuls zu greinen und zu jammern. Schubert war eben kein flauer Romantiker! Den Tod hinnehmen ohne Wimmern – das war seine Botschaft!

Beifall, Beifall ohne Ende. Meine Hände waren taub vom Klatschen. Welch ein Erlebnis! Ich stimmte begeistert in die Bravo-Rufe ein. – Wir flüchteten aus dem Gedrängel der Leute, aus der Gefahr, Bekannte begrüßen und mit ihnen dummes Zeug reden zu müssen.

Auf der Straße war es stockfinster. Erst ganz allmählich erkannte ich die Konturen von Bäumen und Häusern, von Schornsteinen und Lichtmasten vor dem Nachthimmel. Marianne blieb stehen und sagte: »Nein, laß, ich komm nicht weiter mit. Wir verabschieden uns heute hier, an der Kreuzung. Bitte!« Ich war enttäuscht. »Warum das? Weiter draußen ist's schöner, das weißt du doch.« Sie wurde ungeduldig. »Sei bitte ehrlich: Du lebst noch ganz in der Musik, da stör ich bloß. Ich merk's doch.« »Das ist übertrieben«, erwiderte ich, »warst du nicht auch hingerissen und darum wortkarg?« Sie schwieg. Ich wußte nicht, was ich hätte sagen sollen.

Wir standen vor ihrer Haustür. Gruppen von Menschen, die wohl auch im Konzert gewesen waren, schlenderten vorbei, gemächlich, in Gespräche vertieft. Ich genoß die warme Stille des dunklen Juliabends und den betäubenden Duft der Lindenblüten. »Also tschüs«, sagte Marianne, »komm gut nach Hause!« Sie umarmte mich, küßte mich flüchtig. Ich versuchte sie an mich zu ziehen, aber sie entwand sich meinem Drängen. »Laß! Die könnten uns von oben sehen.«

Ihre Eltern? Niemand konnte uns sehen. In dieser Dunkelheit! Dann eben nicht, dachte ich. War vielleicht wirklich besser so. Wenn mich die Musik packte, war ich wohl kein angepasster Partner. Meine Schritte hallten in der engen Straße. Vorbei an der Tankstelle, an der Zuckerfabrik, an Ratkes Laden, am Stadtrand-Neubau. Endlich draußen auf der Allee, unter den Eichen. Heute ohne Rad.

Es hatte keinen Fliegeralarm gegeben. Ein Wunder, ein Geschenk!

65

In der Dienststelle des Bannführers roch es ebenso wie in anderen Amtsstuben: vermieft und penetrant nach Bohnerwachs. Zum Glück mußten wir nicht lange warten. Kaum hatten wir Platz genommen, da öffnete sich die Tür, und Kurt Ziese, der kriegsversehrte Sekretär, griente uns an und winkte.

Harry und ich, wir standen stramm und grüßten. »Schon gut, setzt euch«, murmelte Günther und wies auf die Stühle. Er war aufgestanden und räusperte sich. »Ich habe euch herbestellt«, sagte er, »weil ich weiß, daß ihr sehr unzufrieden seid. Die ältesten Schüler eurer Klasse sind zur Wehrmacht einberufen worden und die jüngeren werden ab nächste Woche als Flakhelfer an der Nordsee Dienst tun, in einer Küstenbatterie. Nur euch beide hat man ausgespart und ihr wißt nicht, warum.«

Wie recht er hat, dachte ich, es war eine Schweinerei gewesen, uns einfach ins Ungewisse zu verdammen. Wieder räusperte sich der Bannführer. »Ich will's euch heute mitteilen. Wir können nicht alle Unterführer entbehren. Die sehr guten ganz und gar nicht. Die HJ ist nicht aufgelöst, weiß Gott nicht! Ihr beide seid auf meinen Antrag hin vom Kriegsdienst befreit worden, seid also, wie es so schön heißt, uk-gestellt. Und ihr seid für mich wirklich unabkömmlich, ohne Schmus! Freilich«, fügte er nach kurzer Pause hinzu, »freilich gibt es auch noch was Persönliches. Eure Mütter sind viel mehr als andere auf den unmittelbaren Kontakt mit euch angewiesen und brauchen euch dringend, Tag für Tag. Weil der Mann und Vater fehlt, wenn auch aus unterschiedlichen Gründen. Ihr seht: Ich habe bei meinem Antrag auch an euer Zuhause gedacht. Ich glaube, zu diskutieren gibt es da nichts.« Das hieß: wir waren entlassen. Er gab uns die Hand und drehte sich zum Fenster um. Wortlos verließen wir sein Dienstzimmer.

Ich wurde den Konflikt zwischen dem Stolz, an der Heimatfront dringend gebraucht zu werden, und der Angst, als Drückeberger zu gelten, nicht los; immer wieder meldete er sich zu Wort, trotz der Widrigkeiten eines Alltags, der sich schlagartig verdüstert hatte und Forderungen stellte, denen ich mich oft nicht gewachsen fühlte.

Daß der neue Schulweg fünfmal so lang war wie der alte und also verdammt beschwerlich, mochte angehen. Gewiß: eine Stunde früher aus dem Bett, gut dreißig Kilometer hin und zurück auf dem Rad, Tag für Tag, bei Wind und Wetter, das war kein Pappenstiel. Und die Züge, morgens um sieben und nachmittags um halb vier, die Entlastung brachten, benutzte ich, abgesehen vom Winter, selten – wegen der zusätzlichen Kosten. Dennoch, das alles war zu ertragen, wenn man sich zusammenriß.

Wesentlich mißlicher war der Auftrag, eine ländliche HJ-Gefolgschaft zu übernehmen. Weit verstreut wohnende Jungens, die mit Mühe zu erreichen waren, gleichgültige, unzuverlässige Unterführer und mufflige Lehrer, die zäh und unnachgiebig um ein paar Raumtermine für Sportnachmittage und Heimabende stritten, machten es schwer – und oft unmöglich –, einen geordneten, effektiven Dienstbetrieb zu organisieren.

Am schlimmsten aber war der Schulwechsel. Die Anpassung an die neuen Schulkameraden – sämtlich HJ-Führer wie wir – gelang mir schnell. Nicht so jedoch an die hohen Leistungsansprüche der Pauker. Ich mußte Dreien in Englisch und Deutsch kassieren – unglaublich! Und dann, immer wieder, die versteckten Anspielungen oder ganz offenen Fingerzeige in Richtung der Begünstigung, die für alle zutraf.

In einer Sportstunde, die wir wegen sehr mäßiger Rundenzeiten in einem Mittelstreckenlauf geradezu verpennt und also verdorben hatten, brach der humpelnde Wiegand den Lauf ab und ließ uns antreten. Er, der an der Ostfront einen Unterschenkel eingebüßt hatte, stand vor uns, schwieg zunächst und fixierte nacheinander jeden Einzelnen mit stechendem Blick. Dann sagte er: »Diese Stunde ist zu Ende. Es lohnt sich nicht, daß ich mir mit euch Mühe gebe. Manchmal weiß ich nicht, warum ich für solche wie euch mich im Krieg geschunden habe. Und ihr sollt eine Elite sein, darum geschont, uk-gestellt? Lachhaft, wirklich lachhaft! Und nun haut ab, ich kann euch nicht mehr sehen.«

Dieser Stich traf und verletzte mich tief. Tagelang grübelte ich und kam nicht darüber hinweg, daß wir einen angesehenen und sehr beliebten Lehrer beleidigt hatten. Noch dazu auf eine ganz blöde, unwürdige Art. Am liebsten hätte ich meine Klamotten gepackt, wäre in einen Zug gestiegen, der mich nach Bremen befördert, zu den Kameraden in der Flakstellung. Aber ich wußte natürlich: das war Quatsch, war Illusion, war Tagtraum. Hier bleiben und weitermachen, besser als bisher! Nur das zählte.

66

Der Flüchtlingsstrom aus dem Osten schwoll an, die Zahl der Ausgebombten wuchs von Tag zu Tag. So wurde es in unserem Haus immer enger. Vorne, im ehemaligen Klassenzimmer, wohnte der hinkende Schuster Slezak mit Frau und zwei kleinen Kindern. Tagsüber hörte man ihn hämmern und schleifen, die Gören knallten mit der Tür, im Flur roch es nach Lederfett und Spiritus. Hinten, wo früher Großmutters Stube war, hatten die alten Görners aus Breslau eine neue Bleibe gefunden, freundliche, anspruchslose Leute, die immerfort nach Beschäftigung suchten – auf dem Hof, in den Ställen, im Garten.

Oben im Dachzimmer, von jeher entweder Roses oder mein Domizil, lebte jetzt Frau Razak mit ihrem dreijährigen Victor, den alle Vico nannten. Die beiden waren aus Riga evakuiert worden, ebenso wie ihr Mann, der in einer deutschen Dienststelle gearbeitet hatte. Er schien ihre Adresse zu kennen, denn sie rechnete mit seinem Besuch, irgendwann in naher Zukunft. »Sie sind nicht Hals über Kopf getürmt«, sagte Mutti, »aber sie mußten unbedingt raus dort, ehe die Russen kommen. Denn wer als Lette für die Deutschen tätig war, hätte bei den Bolschewiken keine Überlebenschance gehabt.« »Und was hat ihr Mann dort gemacht?«, fragte ich. »Er war, wenn ich's richtig verstanden habe, in einem Polizeirevier angestellt.«

Frau Razak war Lehrerin, sprach nicht nur Lettisch, sondern auch Russisch und Deutsch. Ich mochte sie leiden; je länger sie bei uns wohnte, desto mehr. Hinter der Gardine stehend, im Verborgenen, oder auch draußen, wenn sie Vico deutsche Vokabeln beibrachte, verfolgte ich die schlanke, drahtige Frau mit meinen Blicken. Ihre Augenbrauenlinie, ihr Brustansatz unter der knappen Bluse, der Duft ihres Körpers, wenn sie die Arme anhob – ein wahrer Traum! Als sie mir zu meinem Geburtstag ganz schlichte, fein ziselierte silberne Manschettenknöpfe schenkte, war ich sprachlos vor Entzücken. Schade, daß sie zehn Jahre älter war, dachte ich, als ich ihre Hand drückte.

Vico, der braungelockte fröhliche, agile, pfiffige Steppke, wurde im Nu, kaum waren sie eingezogen, zum umschwärmten, verwöhnten und geneckten Liebling fast aller Hausbewohner. Er wußte das weidlich auszunutzen. Auf Kritik reagierte er mit einer putzigen Taktik: Wenn seine Mutter mit ihm schimpfte, verstand er plötzlich kein lettisches Wort und sprudelte sein deutsches Kauderwelsch hervor; sobald jedoch wir anderen ihn tadelten, stellte er sich taub und schleuderte uns mit rotem Gesicht seine lettischen Sätze entgegen.

»Mit Vico ist endlich mal Leben in die Bude gekommen!«, sagte Opa Görner, als er ihn wieder einmal huckepack genommen und ein Reiterspiel begonnen hatte. Was dieses ›Leben‹ auch bedeuten konnte, lernte Mutti im Herbst kennen. Sieben Tontöpfe standen auf dem Hof, fein säuberlich aufgereiht, gefüllt mit Gewürzlösung, in der die künftigen sauren Gurken schwammen. Vico hatte bei der Vorbereitung aufmerksam zugesehen und ihr sogar geholfen, indem er Dillstengel und Früchte zureichte. Dann machte sie eine Pause und ging ins Haus.

Diese Vorgeschichte erfuhr ich erst später. Ich saß über meinen Schularbeiten und hörte plötzlich ihren Aufschrei: »Mein Gott, was hast du mit den Gurken gemacht?!« Ich stürzte aus der Tür und sah die Bescherung. Vico umklammerte krampfhaft eine Schachtel mit Insektenpulver, unserer Waffe gegen die sommerliche Ameisenplage. Die zuvor klare Gewürzlösung hatte sich grauweiß eingetrübt; von den Gurken war nichts mehr zu sehen. Mutti stand vor den Töpfen und schüttelte den Kopf. »Er hat nachgeahmt, was ich vorher gemacht habe«, sagte sie leise, »das Salzen. Aber eben mit dem Pulver. Es stand auf dem Sims, leicht zugänglich.« Sie stöhnte auf. »Alles ist hin. Nur noch für den Misthaufen.« Sie nahm Vico die Schachtel aus der Hand und strich ihm übers Haar. »Er hat's gut gemeint, klar. Wir müssen aufpassen, daß Frau Razak ihn nicht verprügelt!«

Knapp einen Monat später alarmierte uns der nächste Zwischenfall. Wir saßen in der Küche und hörten Frau Razaks hastige Schritte auf der Bodentreppe. Sie riß die Tür auf. »Kommen sie bloß nach oben«, stieß sie hervor, »Vico hat sich eingesperrt, als ich kurz fort war, hat wohl, denk ich mir, den Riegel an der Tür so bewegt, daß sie nicht aufgeht. Schließen von außen hilft nicht, hab versucht ... Was bloß ...« Sie heulte los. »Wir müssen wissen, was er gemacht hat!«, rief Mutti. Alle stürmten nach oben. Frau Razaks Vermutung bestätigte sich: Vico mußte den Riegel vorgeschoben haben. Weder auf Lettisch noch auf Deutsch gelang es, ihn zum Öffnen der Tür zu bewegen. Er reagierte auf nichts. In der Stube war es ganz still.

Ein schockierender Gedanke schoß mir durch den Kopf: »Steht auch kein Fenster offen?« Frau Razak schüttelte den Kopf und betonte: »Mach ich immer zu, wenn ich weggehe. Ganz bestimmt. Weiß ich.« Wir beratschlagten, was man tun könne. Ich sagte: »Es gibt nur zwei Möglichkeiten: entweder vom Garten aus mit der Leiter die Fenster erreichen und eine Scheibe einschlagen oder vom Boden aus die Hespen der Tür abschrauben. Aber dafür reicht unser Werkzeugkasten nicht aus.« Rose schlug vor: »Na, dann fragen wir doch Wilhelm Gerlach, der hilft uns bestimmt.« Ich nickte, zog mir die Jacke über und machte mich auf den Weg, um ihn zu holen.

Onkel Wilhelm entschied sich für die Türlösung. »Warum das Fenster kaputtmachen, wo's doch schwer ist, heutzutage Glas zu besorgen.« Er machte sich an die Arbeit. »Die verdammte uralte Farbe«, fluchte er, »und der Rost der Schrauben!« Endlich war's geschafft, er hob vorsichtig die Tür aus dem Rahmen und lehnte sie gegen die Schornsteinwand.

Wir traten in die Stube und sahen uns um. Ein Schrecken fuhr uns in die Glieder. »Nein«, schrie Frau Razak, »darf nicht sein!« Aber es durfte sein, war in zwiespältiger Weise wirklich, weil es mich gleichzeitig zum Fluchen und Schmunzeln verlockte: Der über und über rotgefärbte Vico saß im Bett wie in einer Blutwolke, in der Hand den Lippenstift seiner Mutter, hinter sich auf der Tapete eine Unmenge von roten Strichen, Kringeln und Punkten. Sinfonia domestica in Rot, dachte ich, konnte mir ein Lächeln nicht verkneifen. Frau Razak tobte weiter: »Wie das in Ordnung bringen und saubermachen? Das braucht Strafe!« Mutti stellte sich schützend vor das Bett: »Keine Strafe, Frau Razak! Er hat sich doch nichts dabei gedacht. Ist noch zu jung, also auch zu dumm. Die Bettwäsche – kein Problem. Die Tapete? Müssen wir sehen. Eine Renovierung wäre ohnehin fällig gewesen. Muß ich mit Paul Spenn, dem Maler, besprechen.« Wie kühl sie die Sache hinnimmt, dachte ich verwundert. Das konnte nur an dem »süßen Bengel« liegen, wie sie Vico so oft nannte.

Einige Wochen später hatte Frau Razak Besuch. Ihr Mann war gekommen, aber nur für zwei Tage. Als ich ihn zu Gesicht bekam und kurz kennenlernte, erschrak ich. Ein kräftiger, muskulöser Mann, übertrieben höflich, etwas blasiert. In SS-Uniform! Ich war enttäuscht, machte mich zeitig davon. Warum bloß hat sie den genommen, fragte ich mich. In der Eile hatte ich gar nicht mitgekriegt, zu welcher SS-Division er gehörte. ›Kurland‹? Ist ja egal, dachte ich, übermorgen ist er weg.

67

Sommer vierundvierzig: Osteinsatz der Hitlerjugend. – Hitze, Hitze, Tag um Tag. Trockenheit und Staub. Sauschlechte Verpflegung. Schwerstarbeit beim Bau der Schützen- und Panzergräben: Lange Anmarschwege mit Stützpfählen auf den wundgescheuerten Schultern, Flechten von Faschinen mit schmerzenden Fingern, Buddeln, Picken, Schaufeln in der prallen Sonne. Durst, der kaum zu stillen war. Gereizte Stimmung, jäh unterbrochen, aber nicht gemildert durch den aufschreckenden Alarm und die entlastenden Appelle nach dem Attentat auf den Führer. Wie zum Trotz rammten wir unsere Fahne auf der Baustelle in den lehmigen Boden.

Die Zelte meiner Gefolgschaft standen im Hochwald, je sechs rechts und links der Schneise. In meinem, dem dreizehnten, das den Waldweg zu einer Sackgasse absperrte, hausten noch Sigurd, mein Hauptscharführer (sozusagen als ›Spieß‹), und Thomas, unser

Melder, ein pfiffiger, behänder Kerl. Finnenzelte, doppelwandig, für zehn Mann berechnet, mit zwölf bis vierzehn belegt. Keine Latrine im Lager. Schon beim ersten Morgenappell hatte ich einen entsprechenden Befehl verkündet: »Pinkeln weit weg, nicht gegen die Bäume und Sträucher. Und wer kacken muß, nimmt sich einen Feldspaten mit, buddelt seinen Mist ein. Zuwiderhandlungen werden streng bestraft!« Die Streifenposten waren unerbittlich: Strafarbeit, bei Rückfall auch Essensentzug. Ganz schön hart, aber was tun? Strenge Hygiene war das A und O, wenn es darum ging, Seuchen vorzubeugen. Es war schon schlimm genug, daß es trotzdem in der Mittagshitze überall nach Urin stank, weil sich die Burschen nachts oder frühmorgens, wenn die Streife auf Ablösung wartete, dicht hinter den Zelten an die Bäume stellten.

Wieder war ein Tag herum. Erschöpft, aber heute wenigstens satt, fiel ich auf meine Pferdedecke. Das zerfaserte Stroh knisterte, wenn ich mich rekelte. Ich schloß die Augen, hörte Stimmen, Rufe, das Klappern von Kochgeschirren, Axtschläge mit mehrfachem Echo.

Ich döste vor mich hin. Der Kontrolloffizier heute, dieser Oberidiot: »Als Führer einer Arbeitseinheit hast du überhaupt nicht mitzuarbeiten, verstanden?! Dann passiert es dir auch nicht, wie heute, daß du bei der Meldung nur eine Hose anhast. Das kommt mir nicht wieder vor!« Fatzke, Drückeberger. Sollte sich lieber an die Front scheren. – Ich fiel in einen Tagtraum, war plötzlich zuhause, trat ans Fenster meines Giebelzimmers und blickte in den Garten, wo Dackel Moritz den Wühlmäusen auflauerte. Stille über den Beeten, Obstbäumen, Johannisbeersträuchern …

Ich schrak auf. Sigurd stand vor mir, räusperte sich. »Darf ich stören?« »Wenn's sein muß.« »Es muß sein, was Blödes ist passiert. Mist verdammter.« Sigurd neigte nicht zu Übertreibungen. Ich richtete mich auf. »Raus mit der Sprache!« »Ein Diebstahl.« »Mein Gott«, rief ich, »ist das ein Grund, mich zu wecken? Du weißt doch, ich bin schon Badehose und Kochgeschirr losgeworden.« »Ja, ja, ich weiß. Aber hier – das ist was anderes: Ein Zeltführer hat sich Verpflegung beiseite geschafft, vor dem Verteilen.« »Wer ist es?« »Wilfried, Wilfried Kühn.« »Der Blonde von Zelt vier?« Sigurd nickte: »Genau der. Haben ihn schon übel zugerichtet.«

Ich sah ihn vor mir. Ein hagerer, blasser, pickliger Knirps mit abstehenden Ohren. An irgendeinem Finger fehlte ihm eins der Glieder. Ein etwas unsicherer Bursche, ohne viel Autorität. War wohl falsch, ihm eine Führungsaufgabe zuzuordnen. Aber jetzt gab's nichts zu überlegen. Durchgreifen war alles.

»Laß die Gefolgschaft antreten, sofort. In Uniform!« Sigurd blieb stehen und blickte mich an. »Willst du nicht vorher mit ihm reden?« Ich wurde ärgerlich. »Was ist denn bloß in dich gefahren? Reden? Worüber denn? Hunger haben hier alle, mehr als genug. Bei einem Zeltführer gibt es keine Entschuldigung. Ist das klar?« »Jawohl, ist klar.« Er wandte sich um, schlug die Plane zurück und verließ das Zelt.

Die Gefolgschaft war angetreten. Sigurd meldete. »Rührt euch!«, kommandierte ich. Dort stand er, im zweiten Glied, mit rotfleckigem Gesicht, das linke Auge zugeschwollen. Ein Scheißkerl und Schweinehund. Ich würde es ihm zeigen.

»Kameraden«, rief ich, »wir alle wissen, warum wir hier sind. Daß man uns gerufen hat, um der Front zu helfen. Wir wissen auch, daß es schwierig ist, immer genug Verpflegung für uns heranzuschaffen. (Ich wußte es zwar nicht, ärgerte mich darüber, aber das war jetzt unwichtig.) Überhaupt: alles ist sehr schwierig, das Arbeiten, das ganze Leben hier. Aber noch schwieriger wird's, wenn einer aus der Gemeinschaft ausbricht, andere beklaut, sie schädigt zu seinem Vorteil. Noch dazu ein Zeltführer, der die Pflicht hat, Vorbild zu sein. Wilfried Kühn – vortreten!«

Er baute sich vor mir auf, ängstlich, geduckt. »Ab sofort bist du als Zeltführer abgesetzt. Und degradiert natürlich.« Ich riß ihm die rot-weiße Schnur vom Hemd und warf sie über meine Schulter ins Gebüsch. Dann fuhr ich fort: »Aber das genügt keineswegs. Wir werden dich zeichnen, fürs ganze Lager. Jeder soll wissen, was du für einer bist. Hauptscharführer!« Sigurd sprintete vor die Front und knallte die Hacken zusammen. »Einen Hocker besorgen und 'ne Schere!« Er rannte los, in Richtung des Sanizelts.

Eine Viertelstunde später stand Wilfried Kühn wieder im Glied, mit kahlgeschorenem Kopf. Für seine Zeltgefährten war es ein Fressen gewesen, sich als Frisör zu betätigen. Ich brauchte nicht mehr viel zu sagen. »Kameraden! Das als Warnung für jeden, der vielleicht auch mal mit solchen Gedanken gespielt hat. In einer halben Stunde liefert mir Zelt vier zwei Namensvorschläge für den neuen Zeltführer. Stillgestanden! Weggetreten!«

Günter Zander, unser Stammführer, billigte mein Strafgericht. Es wurde nun leichter für mich: kein Diebstahl mehr, keine

Drückebergerei, sehr gute Arbeitsleistungen. Auch das Abschlagen unreifer Äpfel mit Spaten und Schaufeln – auf dem Marsch zur Arbeitsstelle oder heimwärts – hörte auf; die Lagerleitung mußte sich nicht mehr mit den Beschwerden der Bauern beschäftigen. So hatte die unrühmliche Geschichte mit dem diebischen Zeltführer ihre durchaus angestrebte Wirkung: sie brachte Ordnung in den Haufen, Disziplin und Pflichtgefühl. »Jetzt tut er mir leid«, sagte Sigurd ein paar Tage später. »Mir nicht«, erwiderte ich, »Denkzettel, die was ausrichten sollen, müssen mehrmals gelesen werden. Dafür braucht es Zeit. Er hat sie. Bis das Haar nachgewachsen ist.«

Wenige Wochen später, als der Osteinsatz längst hinter mir lag, hielt ich endlich mein Abgangszeugnis in der Hand. »Er verläßt die Anstalt, weil er zum R.A.D. einberufen worden ist«, hieß es in der Rubrik ›Bemerkungen‹. Und vierzehn Tage danach, in einem gesonderten Schreiben, wurde mir verkündet, daß ich Ostern neunzehnhundertfünfundvierzig das Reifezeugnis erhalten würde. »Es ist über den Truppenteil anzufordern«, so lautete der Schlußsatz. Das ist noch lange hin, dachte ich, und verstaute beide Dokumente im Zeugnisordner.

68

Auf der Schreibstube nahmen wir die Passierscheine in Empfang. Kutte verwahrte die Vollmacht für die Abholung der Raucherkarten unserer Abteilung in seiner Brieftasche. Der Obertruppführer blickte auf. »Alles klar?« Wir klappten die Hacken zusammen. »Jawohl, alles klar!« »Dann gute Fahrt, Arbeitsmänner!« »Danke, Obertruppführer. Heil Hitler!« »Heil Hitler!«

Wir holten die Fahrräder aus dem Schuppen. Noch ein kurzer Halt an der Wache des Flugplatzes, dann stiegen wir auf und traten in die Pedale. Bald hatten wir die Stadt hinter uns, bogen in die Straße nach Frankfurt ein und konnten jetzt auf der glatten Teerchaussee Gas geben.

Ein herrlich warmer, windstiller Oktobermorgen; die Straße kaum belebt. So fuhren wir lange Strecken nebeneinander, summten vor uns hin und klönten ungestört – über Dienstkram, über die Marotten der Vorgesetzten, übers Essen. Mit Kutte, der mittlerweile mein engster Vertrauter im Trupp und auf der Stube geworden war, konnte ich über alles offen reden.

»Ist das nicht Klasse«, rief er herüber, »daß wir beide beim ollen Kahlow so hoch im Kurs stehen, daß er uns immer wieder solche Aufträge zuschanzt wie heute?« »Stimmt, hast recht«, sagte ich, »sonst müßten wir, wie alle andern, auch heute wieder endlos für den Bau der Rollbahn Erde und Baumaterialien bewegen oder feststampfen. Am schlimmsten: der stinkende Teer. Manchmal frage ich mich, was das alles soll. Die paar neuen Heinkel-Bomber, die sie abends im Wald verstecken – brauchen sie dafür eine neue Rollbahn? Die alte Aschenbahn tut's doch auch.«

Es war herrlich, so frei, so forsch und unbeschwert unter der wärmenden Sonne zu radeln. Wir jagten durch verschlafene Dörfer, die im Wald auftauchten und sogen schließlich die kühle, frische Luft des Oderbruchs genüßlich in die Lungen. Dann erreichten wir Frankfurt. Im Wirtschaftsamt wartete man schon auf uns. Wir verstauten die Raucherkarten in der Aktentasche, genehmigten uns in einer armseligen Eckkneipe ein markenfreies ›Stammessen‹ samt Bier und machten uns auf den Heimweg.

Als der Scharmützelsee in Sicht kam, forderte Kutte seine zweite Rauchpause. Wir suchten uns eine besonnte Schneise, bogen ab in den Wald und streckten uns im Moos aus. Er versuchte sich an schönen runden Rauchkringeln, ich lutschte auf meinem letzten Sahnebonbon.

Kutte rekelte sich und hob den Kopf. »Morgen früh geht's doch wohl wieder in die Gärtnerei, stimmt's?« Ich nickte. »Genau. Ab acht Uhr. Wieder Apfelbäume einsetzen.« Er richtete sich auf, warf die Kippe in eine Pfütze und zog die Beine zur Hocke an. »Diese pfundige Abwechslung«, sagte er, »hat doch wohl auch der Kahlow für unseren Trupp organisiert oder etwa nicht?« »Das war ein bißchen anders«, erwiderte ich. »Ausgelöst hat's natürlich der Arbeitsführer, als Chef unseres Haufens. Kahlow war dann nur das ausführende Organ. Der Chef hat offenbar das Geschäft mit dem Gärtnereiverwalter abgeschlossen, denn bei ihm im Dienstzimmer müssen wir doch abends immer die Äpfelkoffer abliefern.«

Kutte lachte auf. »Die wir vorher um ein paar Kilo erleichtert haben, damit der Trupp auch noch was davon hat! Bisher ist das ja gutgegangen – was würde wohl passieren, wenn es rauskommt?« »Gar nichts«, behauptete ich, »absolut nichts. Mensch, die Sache ist doch illegal! Wir sind hier auf dem Flugplatz eingesetzt, um eine angeblich kriegswichtige Rollbahn zu bauen. Und was macht der Chef? Gemeinsam mit Kahlow verhökert er einen ganzen Trupp – nicht bloß zwei, drei Mann – nun schon fast vierzehn Tage lang an den Gärtner, um einen privaten Gewinn einzustreichen. Denkst du, es geht hier nur um Äpfel?«

Kutte sprang auf, schüttelte sich die Beine aus. Dann sagte er, ziemlich leise und Wort für Wort betonend: »Verdammt, du hast ganz recht: es ist illegal. Mehr noch: eigentlich ist es Sabotage!« Er starrte schweigend vor sich hin, bis er wieder aufblickte und weitersprach. »Weißt du, irgendwie paßt das zu dem ganzen Leben hier. Diese völlig überflüssige Rollbahn. Und warum müssen wir hier lernen, mit dem Spaten Präsentiergriffe zu kloppen und mit Drahtbürsten Aluschüsseln zu schrubben, anstatt als Rekrut schießen zu üben? Was machen diese Massen von Schlipssoldaten hier? Denen Hermann Göring außerdem noch fürstliche Unterkünfte und Speisepläne zuschanzt. Im fünften Kriegsjahr! Die leben doch fast wie in einer Sommerfrische: essen und trinken gut, treiben ein bißchen Sport und gehen mit ihren Schicksen ins Kino. Wartung der Maschinen, Starts, Fluglärm? Davon ist kaum was zu spüren. Weißt du: manchmal kommt es mir vor, als wenn sich der ganze Laden langsam, aber sicher aufzulösen beginnt. Verfall – so könnte man's auch nennen.«

Ich fragte mich: meint er das ganze Reich? – Wortlos stiegen wir auf und machten uns auf den Heimweg. Zwiespältige Gefühle bewegten mich. Einerseits das wohlige Auskosten des fächelnden Fahrtwindes, des Spiels der herbstlichen Farben und des Lichtblicks auf unser morgiges Pflanzunternehmen. Dann aber auch und deutlich spürbar, der fade Geschmack von Schmu, Schiß und Schande.

Mir fiel plötzlich ein Bonmot ein, das ich neulich in der Kantine aufgeschnappt hatte, als sich hinter mir zwei Flieger unterhielten: »Genieße den Krieg, der Friede wird furchtbar!« Nicht nur schwarzer Humor, sondern ein entsetzlicher Satz. Aber vielleicht wahr? Wenn er stimmte, mußte ich froh darüber sein, für einige Wochen eine ruhige Kugel zu schieben. Ich spürte, wie sich auf meinen entblößten Unterarmen eine Gänsehaut bildete. Mit aller Kraft gab ich Gas, um den lästigen Schauer loszuwerden.

Am Abend zuvor, ehe die Bettruhe begann, hatte ich noch schnell die Hose der Ersten Garnitur unters Laken geschoben, um sie über Nacht mit meinem warmen Körper zu glätten. Denn am nächsten Tag mußten die Bügelfalten den Morgenappell und auch die anschließende Feier für die November-Toten der Bewegung ohne wesentliche Mängel überstehen. Im Dunkeln, während mein Untermann schon zu schniefen begann, memorierte ich mehrmals ein Gedicht. Ich hatte es für das Programm vorgeschlagen und mich spontan für die Rezitation zur Verfügung gestellt. Die Verse stammten, wie konnte es anders sein, von Walter Flex.

Im Kino versammelten sich am späten Vormittag die ersten fünf Trupps unserer RAD-Abteilung, außerdem kleinere oder größere Abordnungen der SA, der Hitlerjugend, der Frauenschaft und des Fliegerhorstes. Die Organisatoren der Feier waren sichtlich nervös; immer wieder spähten sie durch die Fenster, liefen hinaus, kamen zurück und unterhielten sich flüsternd. »Die haben Schiß, es könnte Fliegeralarm geben«, sagte jemand hinter mir.

Es begann mit einem gemeinsamen Lied: »Auf hebt unsre Fahnen in den frischen Morgenwind, laßt sie wehn und mahnen, die da müßig sind ...«. Dann sprach der Kreisleiter, klar, durchdacht, kurz und präzise. Er erinnerte an die Opfer vor der Münchner Feldherrnhalle, an die danach aufgeschobene und endlich doch siegreiche Machtergreifung und mahnte, das damals mühsam Erreichte in diesem aufgezwungenen Krieg bis zum letzten Blutstropfen zu verteidigen.

Dann war ich an der Reihe. Von der Empore aus, hinab auf die unten Lauschenden, trug ich die Ballade vom preußischen Leutnant vor, der – schwerverwundet und von unerträglichen Schmerzen geplagt – vor seinen Untergebenen nicht als Schwächling und Memme dastehen will und darum einen herangerufenen Arzt leise bittet, er möge ihm eine Spritze geben. Seine Bitte lautet: ›Hier liegen Leute meiner Kompanie, ich darf nicht schreien!‹, und der Arzt erfüllt ihm den Wunsch. – Diese Ballade schätzte ich über alles, weil sie die Offizierspflicht des Vorlebens wunderbar in poetische Worte kleidete.

Es war geschafft. Ich hatte mich nicht verhaspelt und auch der Frosch im Hals war ausgeblieben. Befreit und darum aus vollem

Halse sang ich das Deutschland- und Horst-Wessel-Lied mit. Draußen, auf der Straße, zupfte mich der Feldmeister am Ärmel: »Gut ausgewählt«, sagte er, »und hervorragend deklamiert. Bravo!« Einige Kameraden hatten es mitgehört. Ich wurde rot, blickte auf meine Stiefelspitzen. »Danke!«, erwiderte ich leise. Dann aber richtete ich mich auf und schüttelte die Verlegenheit ab. »Geht's nicht bald zum Essen?«, fragte ich, »mein Magen knurrt schon mächtig!«

70

Nach unserem Klopfen ertönte ein burschikoses »Rein, Jungs!«. Vor dem Schreibtisch nahmen wir Haltung an und grüßten. Ich fügte hinzu: »Sie hatten uns bestellt.« Unterfeldmeister Kahlow, unser rundlicher, braungebrannter Gönner, strich seine schütteren Haare zurück und stand auf. »Schon gut, setzt euch hin.« Er drückte uns derb die Hand. »Ich darf euch doch duzen?« Wir nickten und nahmen Platz, Kutte an der Fensterseite, ich daneben.

Kahlow schlug die Beine übereinander und lehnte sich zurück. »Wir müssen dringend was bereden«, sagte er, »ehe eure Entlassung ins Haus steht.« Er machte eine Pause, nieste heftig und schnaubte sich die Nase. Wir wünschten gute Gesundheit. »Verdammter Schnupfen«, schimpfte er und verstaute sein Taschentuch in der Hosentasche.

Er wandte sich Kutte zu. Ein Zwiegespräch begann. »Hast du dich eigentlich freiwillig gemeldet?« »Nein, bisher nicht.« »Du bist doch Berliner?« »Ja. Aus Tempelhof.« »Das paßt sich gut. Unter diesen Umständen kann ich versuchen, dich bei der Arbeitsdienstflak in Berlin unterzubringen. Das könnte bei deinem Dienstrang ganz gut funktionieren.« Er unterbrach das Gespräch und blickte zu mir herüber. »Jetzt fällt mir ein, daß ihr's ja noch gar nicht wissen könnt: Ihr werdet als Vormann entlassen. Für sehr gute Leistungen. Aber das bleibt noch unter uns, verstanden!«

»Und nun wieder zu dir.« Kahlow blickte Kutte an und spielte mit seinem Füller. »Machen wir uns nichts vor«, sagte er langsam, jedes Wort betonend, »mein Angebot hängt auch mit der miesen Kriegslage zusammen.« Er senkte den Kopf. »Du bist ein Kerl, den ich mag, dem ich dazu verhelfen möchte, daß er den Krieg überlebt. Das ist an der Ost- wie Westfront eben weniger wahrscheinlich als auf einem Berliner Flakbunker. Verstehst du? Denk mal darüber nach!«

Jetzt war ich an der Reihe. »Bei dir ist es ja wohl anders«, begann Kahlow unser Gespräch, »so viel ich weiß, hast du dich freiwillig gemeldet.« »So ist es«, sagte ich, »außerdem bin ich Reserveoffiziersbewerber. Meine Wunsch-Waffengattung ist die Infanterie.« Kahlow verzog den Mund. »Stoppelhopser? Na, warum nicht. Aber wenn du willst, würde ich bei dir dasselbe versuchen. Die Flak in Berlin, meine ich. Würde eine Ummeldung beantragen, die du unterschreiben müßtest. Ich mag dich eben auch und möchte etwas für deinen Schutz tun.« Er schmunzelte. »Außerdem: Wir sind doch Prignitzer Landsleute, wir beide! Wie stehst du dazu?«

Ich hatte sie immerzu schon auf der Zunge gehabt (vorhin, während Kahlows Dialog mit Kutte), eine höhnische Frage, die auf Berlinisch lautete: ›Wolln'se zur Flak oder wolln'se richtig Soldat werden?‹ Aber ich sprach sie nicht aus, natürlich nicht. Es kam noch hinzu, daß mir die sadistischen Schleifereien mancher Truppführer, die ich erlebt hatte, den Arbeitsdienst nicht gerade sympathisch machten – ob nun mit oder ohne Flakgeschütz. Und schließlich hielt ich es für fraglich, ob eine Rücknahme meiner ursprünglichen Entscheidung jetzt überhaupt noch möglich war. So stand meine Absage eigentlich schon fest. Aber ich blieb stumm, Kahlow zuliebe, und sagte nur: »Ich muß es mir durch den Kopf gehen lassen.«

Kutte und ich, wir diskutierten lange. Dann, am Abend, stand fest: Er wollte auf Kahlows Vorschlag eingehen. Er fand ihn ganz passabel. »Vom Regen in die Traufe komm ich gewiß nicht«, meinte er. »Gut«, sagte ich, »das ist einzig und allein deine Sache. Sei bitte so gut: Wenn du nachher zu ihm gehst, teile ihm mit, daß es für mich nicht in Frage kommt. Und daß ich mich für das Gespräch bedanke.« Kutte verzog sein Gesicht. »Geht schon klar«, knurrte er, »ich bring es ihm schonend bei!«

71

Die festgefahrene Schneedecke quietschte unter den Sohlen. Meine linke Hand umklammerte den Koffergriff, wurde starrer und fühlloser nach jedem Schritt. Die Atemluft stand wolkig vor dem

Gesicht und verschleierte den Blick. Als wir am Dorfausgang die schützenden Häuser hinter uns ließen, packte uns der Ostwind, trieb uns die Tränen in die Augen. Ich zog die Mütze tiefer ins Gesicht und schlug den Mantelkragen hoch. Die Kälte griff nach den Beinen, zwickte an den Kniescheiben, trotz der Skihosen. Mutti tat mir leid. Die Makostrümpfe – was sollten die eigentlich abhalten?

Sie blieb stehen und sah mich an: »Bist froh, daß es nun richtig losgeht, nicht? Hast es ja immerzu schon gewollt.« Ich setzte den Koffer ab, rieb mir die Finger in den Fäustlingen und trampelte auf der Stelle. »Versteh doch, Mutti, ich hab mich freiwillig gemeldet, vor zwei Jahren und seither das dauernde Warten. Dann noch der Arbeitsdienst dazwischen, diese blöde, völlig überflüssige Zeitverschwendung. Danach der Monat Pause, zuhause sitzen, Däumchen drehen, auf den Gestellungsbefehl warten, Tag für Tag. Und draußen brauchen sie jeden Mann! Da muß man doch nervös werden.«

Wir gingen weiter. »Na ja, sie mußten ja alle fort«, sagte sie, »der eine früher, der andre später. Und das geht immer weiter. Wenn Papa noch lebte, er wäre sicher stolz auf dich. Bloß wenn ich denke, wie die Lage jetzt ist ... Mein Gott, die Russen stehen an der Weichsel. Und irgendwann vielleicht an der Oder. Und du dann in Fürstenwalde!«

Ich mußte sie aufrichten. »Klar, die Lage ist beschissen«, sagte ich. »Aber über die Oder – das werden sie nicht schaffen. Bestimmt nicht. Niemals! Das lassen wir nicht zu. Es steht beileibe nicht gut, aber darum verzweifeln? Nein. Um so wichtiger, daß wir Jungen auch noch was dagegen tun. Noch ist Zeit. Außerdem: der harte Winter steht uns bei.« Sie schüttelte den Kopf. »Oder auch nicht«, murmelte sie.

Wir stemmten uns gegen den beißenden Wind und blinzelten in die aufgehende Sonne, die das weiße Schneetuch über den Feldwegen, Ackerfurchen und Koppelrauten zu vergolden begann. Die Zweige der Erlen und Eichen stachen in den klaren, blauroten Himmel. Fern am Horizont erschien der Birkenberg mit seinem dichten Kiefernpelz, dunkel, unbeweglich. Endlich standen wir vor dem Stationsgebäude.

Es lohnte sich nicht mehr, in den Warteraum zu gehen. Wir stellten uns in den spärlichen Windschatten des Häuschens. Unsere

Augen folgten dem Gleisband. Dort hinten, in der Kurve, müßte die Rauchfahne bald auftauchen. Auch Mutti schlug sich jetzt die Hände warm, trat von einem Fuß auf den andern. Ihr Gesicht war von der Kälte gerötet. Ein mühseliges Gespräch begann: über das Zurückschicken der Klamotten, über den Nutzen warmer Unterhosen im Winter, über die Unpünktlichkeit der Bahn.

Endlich kam der Zug angeschnaubt, wurde langsamer, die Bremsen quietschten, er stand. Der Lokführer, die Zigarette im Mundwinkel, musterte uns gelangweilt, wischte über die Reifschicht seiner Tür. Mutti starrte mich an. »Schreib bald, wie du angekommen bist.« »Ja, Mutti. Und grüß Rose und alle Bekannten.« »Ja, mach ich. Und paß auf dich auf!«

»Einsteigen bitte!« Ein gellendes Trillern. Wir umarmten uns. Kalte Lippen auf kalten Lippen. Ich riß mich los. Mutti reichte mir den Koffer hoch. Jetzt weinte sie, hemmungslos. Tränen rannen auf ihren Mantelkragen. Sie winkte, breitete die Arme aus, als wolle sie mich zurückholen. Ich schluckte, wandte mich ab, zog die Tür hinter mir zu. Der Wagen ruckte an, setzte sich in Bewegung, wurde schneller. Sie stand noch immer an der Bahnsteigkante, winkte, winkte, wurde kleiner, schrumpfte zu einem Strich zusammen, verschwand. Jetzt war ich allein, ganz allein.

Ich fuhr mit dem Ärmel über die schmutzigen, beschlagenen Scheiben. Die vertraute Landschaft flog vorüber. Eine sonnige, helle, frische Fläche mit Tupfen von Baumgruppen und Büschen, eingerahmt durch Gräben und Wege. Weit, weit, schön.

Am späten Nachmittag, überlegte ich, wirst du in Fürstenwalde angekommen sein. Wenn alles glatt geht, ohne Alarm. Wirst dich in der Mars-la-Tour-Kaserne anmelden, eingekleidet werden, dein Bett belegen. Dann endlich die Ausbildung, um das Kämpfen zu lernen.

Und dann, irgendwann, richtig kämpfen. Aber wo, zum Teufel? Im Osten oder im Westen? Du darfst nicht zu viel grübeln, mußt dich zusammenreißen. Tun, was befohlen wird. Nur das hilft. Bist nur ein kleines Rädchen. Und das Reich, das Reich muß gerettet werden.

»Eingezogen?«, fragte die alte Frau mit dem Kopftuch, die in der Ecke saß und strickte. »Sie haben's erraten«, sagte ich. »War nicht schwer«, nuschelte sie, »bei deinem Alter. Wünsch dir alles Gute; kannst es brauchen, denk ich.«

Ich verstaute den Koffer im Gepäcknetz, hockte mich auf die abgewetzte Holzbank und schob die Hände in die Manteltaschen. Es war lausekalt. »Die Kohlen reichen bloß noch zum Fahren«, sagte der hohlwangige, stoppelbärtige Zugführer, als er das Einberufungsschreiben geprüft hatte. »Mußt dich mit den Armen warm schlagen und hin und her wetzen. Das übt für später, wenn die Schleifer dich lang machen und piesacken, draußen, beim Exerzieren.« Er tippte mit dem Zeigefinger an den Schirm seiner Mütze und beugte sich vor. »Tschüs denn«, brummte er, »und Hals- und Beinbruch!« Er drehte sich um und verschwand im Nachbarabteil.

In Wittenberge stieg ich in einen überfüllten D-Zug um. In Berlin, auf dem Bahnhof Zoologischer Garten, heulten gegen Mittag die Sirenen. Mit Hunderten von Passanten hastete ich die Treppen hinunter und wurde von einer Menschenschlange aufgesogen, die dem riesigen Flakbunker zustrebte. Nur mäßig gesättigt und noch immer durchgefroren lag ich abends in meinem Fürstenwalder Kasernenbett, befühlte immer wieder den kalten Heizkörper neben mir und hoffte auf Wärme. Als ich an den Morgen dachte, begann ich zu schwitzen.

Nachtrag

Das Reich wurde nicht gerettet, auch von mir nicht. Zum Glück! Sein Untergang ging einher mit Trümmergebirgen und Millionen von Toten. Ich überlebte um ein Haar: im Geplänkel des späten April fünfundvierzig, kurz vor und unmittelbar nach dem Händeheben, schließlich im Krankenrevier des Posener Gefangenenlagers.

Oft habe ich die von mir erinnerten und aufgeschriebenen Episoden wiedergelesen. Habe mich gefragt, ob ich sie als zutreffende Nachbildung dessen zu billigen vermag, was ich seinerzeit erfahren, gedacht und getan habe. Ich glaube, ich darf mit dem Kopf nikken. Aber nach wie vor ist mir das Damals oft unbegreiflich und manchmal gerate ich in Harnisch. Zunächst über mich: weil ich den unversehrten Raum meines Dorfes, meiner Musik und so vieler Dichter für ein zutreffendes, nur verkleinertes Abbild der großen Welt hielt und nicht ahnte, daß die Herrschenden kleine heile Inseln ihrer Untergebenen dulden und erhalten, um sie naiv und gefügig zu machen; weil ich mich in blinder Gläubigkeit, angespornt durch ein Heer von Eiferern, zu Haß und brutaler Härte verführen ließ; weil mir nicht bewußt wurde, wie schnell man sein menschliches Antlitz verlieren kann. Und natürlich vermag ich auch all jene nicht freizusprechen, die mich in haut- und sichtnaher Partnerschaft aufzogen, formten und belehrten. Hätten sie nicht, schon bald nach dreiunddreißig, wissen müssen, wovor sie mich zu schützen und auf welche Gesinnung sie mich einzuschwören hatten? Wie wenig davon geschah!

Das alles ist Vergangenheit, kann nicht mehr korrigiert oder ungeschehen gemacht werden. Aber vielleicht, wenn Jüngere lesen, was mir seinerzeit in Braunland widerfuhr, könnte das für sie nützlich sein: als Warnschild, als Denkhilfe und auch als Mutmacher zum Nein-Sagen dort, wo die Versucher lauern. Denn die sterben nie aus; sie wechseln nur die Kleider, Fahnen und Sprachen.

Dank

Zum Ausklang ein dreimaliges herzliches Dankeschön:
an Hannelore Raudszus für die vielfältigen Schreibarbeiten und das Ertragen meiner Korrektursucht, an Wolfgang Nitsche für seine Ideen und Initiativen zur Veröffentlichung, an Frank Böttcher für seine verlegerischen Bemühungen.

Autor und Verlag bedanken sich für die freundliche Unterstützung der Drucklegung durch die Hans-Böckler-Stiftung, Düsseldorf.

Erstausgabe, 1. Auflage 2005

Lukas Verlag für Kunst- und Geistesgeschichte
Kollwitzstraße 57
D–10405 Berlin
www.lukasverlag.com

Umschlagphoto: Der Autor im Alter von fünfzehn Jahren, 1942
Layout, Satz und Umschlag: Verlag
Druck: Elbe Druckerei Wittenberg
Bindung: Stein + Lehmann, Berlin

Printed in Germany
ISBN 3–936872–67–8